/ 100 位
为新中国成立作出突出贡献的英雄模范人物/

戎冠秀

马秀琴/编著

吉林文史出版社

图书在版编目（CIP）数据

戎冠秀 / 马秀琴编著. -- 长春 : 吉林文史出版社,
2011.4（2022.4重印）
（100位为新中国成立作出突出贡献的英雄模范人物）
ISBN 978-7-5472-0516-7

Ⅰ. ①戎… Ⅱ. ①马… Ⅲ. ①戎冠秀（1896～1989）—
生平事迹 Ⅳ. ①K828.5

中国版本图书馆CIP数据核字(2011)第050238号

戎冠秀

RONGGUANXIU

编著/ 马秀琴
选题策划/ 王尔立　责任编辑/ 王尔立
装帧设计/韩璘
出版发行/ 吉林文史出版社
地址/ 长春市福祉大路5788号　邮编/ 130118
电话/ 0431-81629363　传真/ 0431-86037589
印刷/天津海德伟业印务有限公司
版次/ 2011年4月第1版 2022年4月第7次印刷
开本/ 640mm×920mm　1/16
印张/ 9　字数/ 100千
书号/ ISBN 978-7-5472-0516-7
定价/ 29.80元

《100位为新中国成立作出突出贡献的英雄模范人物》丛书

/ 100 位

为新中国成立作出突出贡献的英雄模范人物/

八女投江　于化虎　小叶丹　马本斋　马立训　方志敏
毛泽民　毛泽覃　王尔琢　王尽美　王克勤　王若飞
邓　萍　邓中夏　邓恩铭　韦拔群　冯　平　卢德铭
叶　挺　叶成焕　左　权　诺尔曼·白求恩　任常伦
关向应　刘老庄连　刘伯坚　刘志丹　刘胡兰　吉鸿昌
向警予　寻淮洲　戎冠秀　朱　瑞　江上青　江竹筠
许继慎　阮啸仙　何叔衡　佟麟阁　吴运铎　吴焕先
张太雷　张自忠　张学良　张思德　旷继勋　李　白
李　林　李大钊　李公朴　李兆麟　李硕勋　杨　殷
杨子荣　杨开慧　杨虎城　杨靖宇　杨闇公　萧楚女
苏兆征　邹韬奋　陈延年　陈树湘　陈嘉庚　陈潭秋
冼星海　周文雍、陈铁军夫妇　周逸群　明德英　林祥谦
罗亦农　罗忠毅　罗炳辉　郑律成　恽代英　段德昌
贺　英　赵一曼　赵世炎　赵尚志　赵博生　赵登禹
闻一多　埃德加·斯诺　夏明翰　格里戈里·库里申科
狼牙山五壮士　聂　耳　郭俊卿　钱壮飞　黄公略
彭　湃　彭雪枫　董存瑞　董振堂　谢子长　鲁　迅
蔡和森　戴安澜　瞿秋白

前言

每个人的心中都多少有一点英雄情结，都向往英雄、景仰英雄。也正因此，在中华人民共和国建国六十周年之际，由中央十一部委联合组织开展的“100 位为新中国成立作出突出贡献的英雄模范人物和 100 位新中国成立以来感动中国人物”的评选活动中，群众参与投票总数近一亿。这其中的每一张选票，都表达了人们对英雄模范的崇敬之情，寄托着对伟大祖国的美好祝福。

一个民族不能没有英雄，否则这个民族就不会强大。当国家危难之时，懦弱者选择了逃避、妥协甚至投降，英雄们却挺身而出，用热血捍卫民族的尊严，人民的幸福。在创立和建设新中国的伟大历程中，涌现出无数可歌可泣的英雄模范人物。他们之中，有为了民族独立和人民解放而英勇牺牲的革命先烈，有为了党和人民的事业而不懈奋斗的优秀共产党员，有在全民族抗战中顽强奋战、为国捐躯的爱国将士，有英勇杀敌的战斗英雄和革命群众，有积极从事进步活动的著名民主爱国人士和国际友人……他们是民族的脊梁、祖国的骄傲，是激励全体人民团结奋斗的精神力量。

《100 位为新中国成立作出突出贡献的英雄模范人物传记》丛书，就像一部星光璀璨的英雄谱，真实、完整地记录了英雄模范人物不平凡的一生，再现了他们非凡的人格魅力和精神世界。“头颅可断腹可剖”的铁血将军杨靖宇，“毫不利己，专门利人”的白求恩，“抗战军人之魂”张自忠，“砍头不要紧”的夏明翰，“俯首甘为孺子牛”的文化斗士鲁迅……一串串闪光的名字，一个个动人的故事，犹如群星闪烁，光耀中华。

如今，战火已熄，硝烟已散，英雄已逝，我们沐浴在和平的幸福之中。在和平年代，人们不会忘记为今日的和平浴血奋战的英雄们，英雄的故事永远不会结束。让我们用英雄的故事唤醒我们心中的激情，为中华民族的伟大复兴而奋斗。

生平简介

戎冠秀(1896–1989) 女,汉族,河北省平山县人,中共党员。

戎冠秀 1938 年担任村妇救会会长。1941 年秋，在边区军民反“扫荡”斗争中，任村交通转运站站长。前方打仗，她带领妇救会员日夜忙碌，送水送饭，慰劳军队，抢救伤员。日军进村“扫荡”，她又组织群众坚壁清野。1943 年秋，日军七万余人对根据地实行“大扫荡”。戎冠秀指挥群众转移出村后，发现一名负伤的八路军战士正被日军追赶，她急忙背起伤员往山上跑。在半山腰的一个山洞前，让伤员踩着她的双肩向里面爬，由于山洞太高，她用双手托起伤员的双脚将其送入山洞。在抗战中，她冒着生命危险抢救过多少伤员，像慈母一样护理过多少伤员,多少伤员喊过她娘,她自己也数不清。1944 年 2 月，她出席了晋察冀边区群英大会，被晋察冀解放区政府和晋察冀军区授予“子弟兵的母亲”的光荣称号。1949 年，她作为华北区人民代表参加了中国人民政治协商会议第一届全体会议，受到毛泽东主席的接见。中华人民共和国成立后，她多次出席全国劳动模范会议和拥军优属表彰会，当选为第一至五届全国人大代表，第三、四届全国妇女代表大会代表，第四届全国妇女代表大会执委会委员。曾荣获全国三八红旗手。1989 年 8 月病逝。

1896-1989

[RONGGUANXIU]

◄ 戎冠秀

目录 MULU

■根据地生活（1938–1949） / 015

投身革命 / 016
被推选为妇救会会长。她带领妇救会员日夜忙碌，送水送饭，慰劳军队，抢救伤员。日军进村“扫荡”，她又组织群众坚壁清野。

42岁

积极支前 / 021
带领乡亲们为子弟兵碾米磨面做军鞋，护理转运伤员。

43岁

救护伤员 / 027
多次倾尽全力救助伤员，使一个个素不相识的子弟兵能重返战场，杀敌立功。

45岁

拥军优属 / 038
1943年秋冬反“扫荡”中，抢救了一位生命垂危的战斗英雄邓世军，并获得“子弟兵的母亲”的光荣称号。

47岁

生产自救 / 044
制定家庭生产计划，定期召开家庭会议，提高粮食产量，保证前线供应。

47岁

劳动模范 / 051
响应党的号召，带动起全村的生产热潮。这一年年底戎冠秀又被评为晋察冀边区的劳动模范。

48岁

子弟兵永远的母亲（代序）

戎冠秀，一个大字不识的旧社会的童养媳，却用她的正直大义谱写了风采春秋；一个小脚老太太，却用她颤巍巍的脚步踏出了一条光辉的人生之路；一个饱经苦难的女人，却用她博大的爱为子弟兵带来了一个温暖的春天。

她不会讲华丽的词藻，更不会长篇大论，她只是以最朴实的语言、最真诚的心、最感人的行动教育周围的乡亲。她对前来交活的姑娘、媳妇，语重心长地说："子弟兵是谁的？咱们可要了清！是咱老百姓的。离了子弟兵，鬼子会把咱们全杀死。民主生活没有了，国家灭亡了，咱们都要变成亡国奴。你们了清了没有？"她要让子弟兵吃上最好的饭，穿上最结实的鞋。宁可苦了自己，也不能苦了子弟兵。她那博大的胸怀，对子弟兵满腔的爱，就像春雨绵绵滋润着每个子弟兵的心。她成了子弟兵心中最可亲可敬的"戎妈妈"。

她心中只有一个念头：为了子弟兵的一切，一切为了子弟兵。在危急时刻，她用瘦弱的身躯将伤员硬是顶起；当子弟兵生命垂危之际，又是她日夜守候着，像对待婴儿一般细心照料，把子弟兵从死神手中抢回来。哪里来的强大的力量？是爱，对子弟兵的爱！风烛残年时，千山万水也阻挡不了她对子弟兵的牵挂！走不动路了，她就托人送去一封封饱含深情的慰问信。

诗人魏巍在《怀戎妈妈》诗中这样写道：

太行山上下盘松，战士心头一颗星；

无限春风无限意，只缘战士在胸中。

她始终牢记：勤俭持家，不忘国家。解放战争爆发了，她亲自送儿子到战场杀敌。她的小儿子兰金牺牲在抗美援朝的战场上，这位坚强的母亲没有在人前落一滴泪。她对人说："我儿子是为国牺牲的，他死得光荣。"她有功不居，心里永远想着群众。她把政府给自己的奖励，都毫无保留地拿出来分给了乡亲们。国家三年困难时期，她三年没领过布票。重病时，执意不肯给国家添麻烦。即使文革期间，受了冤屈时，她也总是一句话："俺只记得自己是党员，要跟着党走到底。"

多么朴实、纯粹的党的好干部，多么了不起的女人。没有什么惊天动地的伟业，她却用她金子一般赤诚的心，为子弟兵撑起一片天；一步一个脚印，为周围的人塑造了一个学习的楷模。

1989 年 8 月 13 日，在惊悉戎冠秀病逝的消息之后，聂荣臻元帅十分悲痛，在悼词中这样写道："战争年代，戎冠秀同志的英雄业绩鼓舞了晋察冀边区千千万万的人民和人民子弟兵。我也深为她的精神所感动。正是这样的军民鱼水感情，使我们赢得了革命战争的胜利。我们应该继续发扬她的革命精神，继承她的遗志，为保卫和建设社会主义新中国而努力奋斗！"

戎冠秀，新中国的有功之臣，子弟兵的好妈妈，她将永远活在我们每个人心中！

苦难的岁月

（1896—1938）

一 凄苦童年

☆☆☆☆☆

（0–14 岁）

1895 年，在威海卫战役中，北洋海军全军覆灭。软弱无能的清政府向日本求和，被迫签订丧权辱国的不平等条约——中日《马关条约》。《马关条约》的签订标志着列强侵华进入了一个新阶段，大大加深了中国的半殖民地化。清政府为了偿付巨额赔款，加紧搜刮人民。老百姓生活在水深火热当中。

1896 年 11 月 4 日，在直隶（今河北）平山县太行山深处，一个叫胡塔沟的小村子，一户贫苦雇农家里，一个女婴出生了。迎接这个小生命的只是两间四面漏风的破房子，她的到来没有给这个家带来一

▷ 戎冠秀的家乡太行山

点欢乐。父亲远远地蹲在地上，愁苦着脸，不住地叹气："又多了一个只会吃饭不能干活的赔钱货。"

母亲给孩子取名柔妮，大名戎光秀（由于口音的关系，当时误把"光"字听成"冠"字）。稍大一些，母亲按旧习俗给小柔妮裹了脚。全家八口人，靠租种地主的贫瘠土地为生。

柔妮从记事起吃的主食就是野菜树叶。穷人的孩子早当家，六七岁时，她白天和爹上山砍柴，夜里帮娘推磨、搓绳子。七八岁时跟着爹给人家卖豆腐，换来豆腐渣子当粮食吃。戎冠秀从小就参加劳动，家里地里的营生，样样都能干。

官府压榨，地主剥削，贪官污吏趁机搜刮民脂民膏。那个万恶的旧社会逼得良女为娼，亲娘卖子，老百姓简直活不下去了。

1905 年戎冠秀 9 岁的时候，家里实在艰难，父亲忍痛以九吊铜钱的代价把她卖到沙坪村李家做了童养媳。

李家是佃户，家里也比较贫困。柔妮一年里想吃上糠咽上菜都难。公公是村里有名的酒鬼和赌鬼，有了钱就去喝去赌。婆婆待她很苛刻，非打即骂。有一次，柔妮实在受不了，找了根绳子要上吊自杀。好在被李有（她后来要嫁的丈夫）及时发现了，把她救了下来。在这个家里只有李有还能体贴关心她，使她能够感受一点温暖，勉强活下去。

一 嫁为人妇

☆☆☆☆☆

（15–24岁）

1911年4月，孙中山领导的辛亥革命首先在武汉三镇取得胜利，成立湖北军政府，改国号为中华民国。中国先进的革命党人拉开了轰轰烈烈的反帝反封建的革命斗争的序幕，农村仍然处在封建黑暗统治下，革命的炮声似乎并没有影响大多数农村的平静。

就在这一年，15岁的戎冠秀和李有结了婚。

戎冠秀刚做了新媳妇，就去地主家做用人。每天鸡叫头遍时起身，月牙还未西落，她麻利盘起两条又黑又长的粗辫子，快步走进迷蒙的夜雾，给地主家长工们做饭。到家把辫子梳一梳。婆婆瞧见这披在身后又黑又长的头发，总是摇头，唠唠叨叨地说：

“唉！头发过了三尺，粗到了一把，真是穷命啊！”

“是这世道，怪头发做甚！”戎冠秀陡地把头发一甩，倔巴巴地说。

婚后的日子仍然越过越苦，家里没有吃的，她饿着肚子上山挖野菜。挖着挖着，她就感觉心跳发慌，想站起来找个地方靠一靠，歇一歇，却不想眼前一黑，就晕过去了。等她醒过来时，天色有点晚了，她咬牙坚持拖着沉重的步子往家走，她惦记着家里饿得直哭的孩子。婆婆见她去了这么久，篮子里野菜采得少，不由分说就大声斥骂起来，戎冠秀已经没有说话的力气，她挣扎着去给饥饿的孩子弄口吃的。

著名诗人田间在《戎冠秀赞歌》的长诗中，这样描述她嫁为人妇的生活：

一个小闺女，
做了大媳妇，
好比一棵树，
迎着暴风雨。
哑巴吃黄连，
有苦难说出，

泉水沟中流，
她眼泪肚里咽。

深受压迫

☆☆☆☆☆

（24–40 岁）

1920 年，在戎冠秀 24 岁的时候，公公婆婆跟他们兄弟妯娌分家了，她们一家四口只分到八斗粮食、一只马勺、两个碗。生活更不如以前了。

为了填饱肚子，戎冠秀经常用指甲在野地里卡“老绿”拿回家当饭吃，柳牙出来的时候就算有了好饭了。

李有和另一户佃农合伙租种地主的地，地主出农具牲畜，两家出劳力、种子，秋天收下粮食，要给地主一半，另一半两家平分。每年地主还强迫租地的佃农借他一石粮食，背下5分利，大秋下来还一石半，地主不管你想不想借，不借就不让佃农租他的地种，佃农哪个敢不借！

要不是戎冠秀一年四季给地主家推碾、做饭、喂猪，她的丈夫李有给人担水、劈柴，地主还不租给他们地种呢！

戎冠秀一天摘两篮豆角，地主只给她瘪瘪的一小把。豆角放在锅里，戎冠秀把稠的给地里干活的吃，自己喝点豆角汤，盐也只给他们吃，她自己几乎没怎么吃过盐。她喝完了稀汤，把碗底稠的倒给她的丈夫儿子，就这样对付着直到新玉蜀黍下来。

孩子小，没人管，白天出去干活，戎冠秀就用绳子拴住他们的腿系在炕上。就这样拼死拼活地干，戎冠秀的第二个儿子在3岁时还是活活饿死了，他曾哭着求娘，想吃一口糠窝窝，至死也未能如愿。女儿七八岁，肚子里也没几斤粮食，她连炕席都铺不上，孩子们的脚后跟都被坚硬的炕坯磨得鲜血淋漓……

戎妈妈在回顾这段时期的生活时说，那时候苦日子没个头，地主年年要租，月月逼债，没有粮食吃，全靠山里的野菜活命。刺儿菜、曲曲菜、老绿菜、桃叶、杏叶、杨叶、柳叶、花椒叶……只要能填饱肚子就什么都吃。到了寒冬腊月，一家人穿不上棉衣，大年初一也吃不上饺子。

不了解中国这段历史的人，就无法真正理解为什么共产党“为穷人打天下”的主张，一夜之间，数以亿计的农民竟一呼百应，甘愿为革命赴汤蹈火；也不会理解戎冠秀对子弟兵对党的无限深情。

1926年她31岁的时候，她和丈夫带着一家，被迫离开了她生活了二十多年的沙坪村，辗转流离，最后全家移居到下盘松村。

在下盘松村，在韩姓地主家的荒山沟里开了几亩坡地。打下的粮食连同副产瓜菜秸草，也要对半分给东家；春天从东家借的一石粮食，秋后要还一石五斗，那时他们已经有了三个儿子一个女儿，全家吃糠咽菜勉强维持生活。

1935年，村里来了一位以小学教师身份做掩护的共产党员，给他们夫妻讲革命道理，使他们明白了跟随共产党才有出路。

毛主席说过：“星星之火，可以燎原。”中国共产党重视人民的伟大力量，他们把革命的火种撒向最底层的民众，把他们从愚昧中唤醒，让他们真正认识到：不打倒这个万恶的社会，穷人是没有出路的，激发他们起来同一切反动势力进行斗争。

雄狮一旦觉醒，谁能遏制得住它愤怒的吼声？

改天换地

☆☆☆☆☆

（41 岁）

1937 年 7 月 7 日，日本帝国主义为了达到它侵占中国的野心，在北平的卢沟桥挑衅，制造中日军事冲突，这就是历史上有名的七七事变。七七事变之后，日本就此全面进攻中国。中国人民则开始了长达八年艰苦卓绝的抗日战争。

1937 年秋后，地主突然收回了他们耕种十年的土地，逼得他们只好背井离乡到别处谋生，没有活计可做的时候，

▷ 戎冠秀

就带着孩子四处讨饭。

抗日战争爆发后，由于国民党政府抱着不抵抗的态度，日本侵略军长驱直入，国民党军队望风而逃，溃不成军的士兵便沿途抢掠，老百姓都惶惶不安。戎冠秀一家不知何去何从，兵荒马乱的，每天都提心吊胆，简直活不下去了。

1937 年 9 月，八路军在平型关打了大胜仗，解放了她的家乡，下盘松村成了共产党领导的敌后抗日根据地。戎冠秀一家回到了下盘松村，生活稳定了下来。已有所觉悟的李有加入了共产党。

人民军队的到来，就像火焰一样照亮了下盘松村的天空，人们看到了希望。在党的军队号召和指导下，村里开展了减租减息运动，并进行了民主建设。而此时已至而立之年的戎冠秀，开始迎来一个崭新的生活，她大踏步走进了一个新世界。

在这以前，戎冠秀还只是一个普通的善良的农村妇女，她日日夜夜辛勤劳作，侍奉公婆、相夫教子是她生活的全部。

可共产党八路军来了，穷人自己的军队来了，她好像变了一个人，做完家里的事情之后，她积极参与村里的事务，经常积极带领群众搞减租减息。

戎冠秀积极响应共产党在解放区开展妇女解放运动，她联系自己的身世，痛感应打破封建礼教和包办婚姻，于是发动妇女破除迷信，提出了“放足剪辫子，自由找汉子”的口号。当时在青壮年男人大批参军支前的情况下，妇女们摆脱封建思想束缚走出家门，成为重要的抗日劳动大军。

戎冠秀对部队事务表现着极大的热情。人们看见戎冠秀腰板挺得笔直，每日都是精神饱满地忙碌着，做军衣，做军鞋，交公粮，出公差，照料伤员，她样样做得出色，比自己家里的事情还放在心上。

由于她正直善良，被推选为下盘松村的妇救会长。而且连任了好多年,从此落了个“老会长”的名，远近闻名，一提起老会长无人不晓。

作为妇救会长，她为保护妇女的利益，做了不少的好事，为挨打挨骂的童养媳和受气的媳妇们,争得了上夜校、参加会议的权利。

有一回，村里赵先岭家的童养媳李黑妮上吊死了，区里的干部过来验了尸，都说没问题了，是属于自杀。李黑妮被埋了。戎冠秀觉得这事蹊跷，黑妮虽受婆婆的气，可是这半年来，积极参加村里的活动，情绪挺好的，怎么会上吊呢?戎冠秀流着眼泪，到黑妮的坟前走过好几次。有人告诉她说黑妮活着的时候夜里曾听到她的哭喊声，她想：我是妇救会长，这事我得了解清楚。区干部说：“这是行政的事，我们负责，你就不用管了。”戎冠秀说：“你们负你们的责，我负我的责。不弄清这事，我就不当这个会长。”人挖出来了，开棺验尸。打开棺材一看，黑妮脖子上有很深的血痕,显然是被勒死的。真相大白了，是赵先岭在外面勾搭上了别的女人，害死了黑妮。当时，许多妇女都哭了，戎冠秀哭得最厉害。这件事过了四五年，还在妇女中一直传着。她这种勇于负责的精神，维护妇女利益的精神，让人十分敬佩。

是党给了她生的希望，是党把她从压迫中解放了出来，她唯一回报给党的，就是要全心全意跟党走，为党奉献自己的一切。1938 年月 2 月，她光荣地加入了中国共产党。她向党发下了一辈子干革命的誓愿 :“我的骨头烧成灰也要给了党……”

根据地生活

（1938—1949）

一 投身革命

☆☆☆☆☆

（42岁）

在艰苦卓绝的革命战争年代，人民军队的发展壮大和每一次战斗的胜利，都离不开人民群众的支持。正如毛泽东所说："真正的铜墙铁壁是什么？是群众，是千百万真心实意地拥护革命的群众。"戎冠秀，就是其中的杰出代表。

日本帝国主义侵略的炮火，把千千万万受奴役受压迫的中国人震醒了，很快，共产党提出的"一致对外，抗日救国"的口号传遍了每一条山沟，平山县迅速成为我党创建的第一个抗日根据地——"晋察冀边区行政委员会"的腹地。

担任妇救会主任的戎冠秀，积极宣

△ 戎冠秀与八路军战士交谈

传抗日救国的道理。上级要求凡够入伍年龄的青壮年都要报名参军。戎冠秀每天从早忙到晚，挨家挨户地宣传，动员妇女不要拖后腿。她说："子弟兵是谁的？咱们要好好了清！边区八路军——子弟兵是咱们边区老百姓的！咱们离了子弟兵，鬼子就会把咱们全杀光，民主生活也没有了，当亡国奴了。你们了清了没有？""了清了！"围住她的妇女们大声回答。她说："了清了，就应该动员自己家里人参加子弟兵！”在动员大会上，她自己把大儿聚金、二儿存金都报了名，而且她还说："不嫌我家李有老，让他给八路军牵马去，兰金不够岁数，我保证大了一个走一个。”在她的带动下，下盘松一带出现了父送子、妻送郎、兄弟相争上战场的热潮。

有一年她生了一场大病，病刚好，身体还没恢复过来，走路没力气，动一下就气喘吁吁，上级要求马上交公鞋，她还有一双没做好，妇女们都有自己的任务，她不好意思麻烦别人，就一个人悄悄地点着灯，连夜纳鞋底。纳一会儿，就歇一会儿喘口气，然后再纳，身上不停地冒汗，老伴劝她："不就是差一双鞋吗?下回再补上，看把身子熬坏了！”戎冠秀说："我是干部，得带好这个头；再说，咱八路军在前方打仗牺牲，我这点辛苦算什么?”她硬是一夜没睡，咬牙硬挺着把军鞋做完了。

恨有多深，爱就有多深。苦水里泡大的戎冠秀把她对旧社会的恨都转化成了对人民军队的爱。如果没有强烈的革命热情，如果没有对八路军深厚博大的爱，她哪来如此强大的力量?

前方有伤员下来了，经过村子里，她一定要亲自去看看。记得有一年，滹沱河两岸成天打仗，村里自卫队基本上都到前方了，余下的又全抬担架去了，可是伤员仍源源不断地从下盘松村经过，她就组织妇女们上阵，青年妇女六个抬一副担架，飞也似的走了。戎冠秀是小脚，那是旧社会旧习俗刻在她身上的永远也去不掉的印迹。小脚走路不方便，走得久了就会火烧火燎地痛，她年纪又大，跟不上年轻人的脚步，只好跟壮年妇女配在一起，八人抬一副担架，她咬着牙，抬起担架，在崎岖的山路上攀爬，尽量保持担架的平稳，使伤员能够不那么痛苦。她带领妇女们把伤员们都及时地送到医院去。她常常说："咱们的伤兵同志，要是早送到医院里，'修理修理'，就会好得快，要送得慢点儿，受罪事小，伤员可能会牺牲，这可要大家负责！"

在关键时刻，她宁可委屈自己，也不愿意战士多受一点苦。她一声不吭地默默地承受着痛苦，她刚强的作风令人肃然起敬！这种作风一直贯穿她的一生。

在敌人大扫荡最艰苦的日子里，过路的官兵总能在下盘松村的路口看见一个老人，不论风里雨里，不论冬寒夏暑，怀揣着热腾腾的玉米面饼子，手提着装满香喷喷小米粥的砂壶，站在风雪茫茫的路口，等待着一批批从前线转运下来的伤员。那就是戎冠秀！每次，她都心疼地看着那些又饥又渴的伤兵，一口一口地把热乎乎的粥喂给伤员，把来不及吃的饼子包好放进伤员的身边，又站在山路上，目送着担架远去。

他们邻近湾子里是晋察冀军区供给部的所在地，遇有突击赶制军衣军鞋的任务，往往分给邻近各村的群众来完成，因此戎冠秀和她的妇救会员们和供给部的交往较多。戎冠秀常常把自己家最好吃的东西留给过往的八路军同志，时常给过往军人送水送饭，她这个拥军模范的名声也就首先在军队同志中间传了开来。

村里的老干部、老党员深情追忆起往日和戎冠秀一起生活战斗的情景。和戎冠秀同年入党的 77 岁老人赵忠回忆说："在那残酷的抗日战争岁月里，我们这个山沟是抗日根据地，住着好多八路军，敌人妄想消灭抗日军民，反复进行大'扫荡'。戎冠秀是村妇救会主任，每次敌人来了，她首先想到的是村里的妇女和孩子，帮着这家拿东西，帮着那家抱孩子扶老人，往山沟里转移。她不光对咱乡亲们热心，对八路军更是爱护和关心。我们这个村是一个转运站，戎冠秀是站长。当时，不分白天黑夜地照料伤员，给他们送水、送饭。自己的孩子顾不上管，饿得直哭，她却到处找吃的喂伤员。把心掏给八路军了，对子弟兵比自己亲生儿女还亲。四地委宣传部长胡开明称她是非常突出的拥军模范。”

积极支前

☆☆☆☆☆

（43岁）

中国共产党领导的保家卫国的抗日战争，是十分艰苦的，也是十分残酷的，缺衣少药，甚至缺少武器，但是他们坚持下来了，这其中离不开人民巨大的支持。没有边区人民不遗余力的支援，人民军队是不会取得胜利的。

到了交公粮的日子，戎冠秀挨家挨户去动员，亲自到碾盘上去察看，对乡亲们说："交公粮，要把烂米都拣掉，糠要多簸两遍。军队在前方打仗，比不上在

◁ 抬担架，做军鞋，救伤员，戎冠秀是晋察冀边区的支前模范。

咱们家里方便，说不定打仗紧了，找不到瓢，顾不得淘，找不到簸箕，就把米全倒到锅里了。要尽是沙子、烂米、糠皮，那吃了可不卫生。”她家交的公粮最好，而且应交小米60斤她却交了90斤。还动员一个富户多交了60斤细粮。

纳公鞋的时候，她先把妇女们召集到一起，语重心长地跟她们说：“人家子弟兵，在前方打仗，整天翻梁爬坡，要是赤脚板怎能打仗？咱们老百姓赤脚板下地能不能？子弟兵穿鞋不比家里方便，穿一对是一对，可不能做坏鞋。子弟兵就跟咱们家里的孩子兄弟一样，咱们给孩子兄弟做鞋都是结结实实的，给子弟兵做，也要那样。”她号召妇女们做的鞋不要叫上级退回来，要叫子弟兵们穿在脚上说好，说：“这是谁家的好姑娘好媳妇做的好手艺！”妇女们做的军鞋，她一只一只地仔细察看，针脚是不是密实，够不够分量；做的军衣，她要求单衣双线缝，倒钩针，棉衣新棉花，絮得匀，够重量。

一次，戎冠秀发现有套棉衣是用旧棉花絮的，马上找到当事人。她首先十分关切地问当事人的儿子在华北联大学习的情况，以情感人。随后转入正题说：“你这套棉衣摸着有点特别，是不是晚上做活儿没看清，絮错棉花了？咱们的儿子在外头抗日闹革命，万一穿了不好的棉衣，咱当娘的该多心疼啊！”当事人虽然自知理亏，但嘴上仍说：“我可是絮的公家发给的棉花，看在你的面上，我现在就换上我自己家的好棉花。”戎冠秀马上给她台阶下，说：“那我就先代表子弟兵谢谢你啦！”这样既照顾了当事人的面子，又保证了军衣的质量。做到了有理有力有节，让人心服口服。由于戎冠秀工作认真负责，一丝不苟，讲究方式方法，耐心细致，她们送的军衣军鞋，数量、质量回回数第一。

她这样舍身忘我地工作着，全心全意地为军队着想，以赤子之心来对待革命的每一项工作。只要是革命工作需要，她总是不辞劳苦，不怕困难，满腔热情地想办法做好。

1939 年 12 月，华北联合大学文工团（当时一个著名革命文艺团体，宣传反帝反封建，发动民众革命）在巡演中碰到日寇“扫荡”，他们连夜爬山过岭，转移到了平山县下盘松村。戎冠秀发动群众，为文工团找房子、筹备炊事家具，使他们顺利地安顿下来。

一次，文工团想给村里演戏，可是穷山沟里没有舞台，并且由于文工团进行长途行军，幕布很少，服装、道具更是什么都稀缺。文工团正一筹莫展时，有人告诉他们：“找老会长吧！”

戎冠秀二话没说，先把村干部们组织起来，找木头，搭台子。幕布、服装问题就都是老会长的事了。戎冠秀在村子里很有威望，也有办法。文工团要向一个中年汉子借皮袄，他显得有点不痛快，戎冠秀就跑去半认真、半开玩笑地对他说：

“你这个人还是抗日积极分子哩！一件旧小袄，还不给我拿出来！怕冷的话，把我家李有的旧大袄给你披一下。再不借的话，我可要骂啦！”

那汉子忙说：“我借我借！老会长可别骂！我也不要李

有的大袄披。”

“这才像话！”戎冠秀笑了。但她仍让女儿把她爹的旧大袄送给了那汉子。

舞台上挂的边幕缺一幅白布。戎冠秀突然想到村里一户人家还有半匹白土布，新的、准备做被里。这谁敢去借？戎冠秀想了想，认为有可能借到，就找了那户人家的一位亲戚出面。可那位亲戚还是空手回来了，说：

“人家只等下过水就要用，也怕弄脏了。”

戎冠秀高兴地说：“这就问题不大了。”于是她自己跑了去，说是借用了嘛脏总是要弄脏一点的，等用过了，我替你们下下水，我保证给洗得干干净净。”

那家人听了戎冠秀的话，忙说，老会长都讲了，那就拿去吧！

戏里还要一件妇女穿的花棉袄，可整个下盘松也找不出来。后来有人想起，上盘松有个从山沟外面娶来的新媳妇，有件花棉袄。可听人说，人家娶过来两年多，才穿过三回，这怎么借？戎冠秀还是去了。

她见了人家就说：

“唉！这么好的衣裳，要是我，也舍不得借呢！可人家是从延安毛主席那里来的戏剧团，人家不远几千里走到咱们这儿来抗日；我们呢，也是非抗日不可！谁叫他日本鬼子来欺负咱们啦！人家演抗日的戏，也请你们去看。可就缺这么一件花袄！哎呀，这咋办呀？”

那家新媳妇也说：“唉呀，那咋办呀？”

“要不，这样吧！好媳妇，你揣上这袄跟我走一趟，看看那个演戏的女同志穿了合适不合适。如若合适的话，你还先把袄揣回来，等到演戏那天你去看戏时再带上，就叫人家上台时穿一下，演完那个戏你就收回。交袄，收袄，我都跟你一起办。你看行不？”

新媳妇还犹犹豫豫的，说要问问公婆。

这时，从里屋出来一个老头说：

“不用问啦！人家老会长亲自跑来了，说了那么些好话！再说八路军共产党为了抗日，多少人都牺牲了！就找块干净布，包上这花袄交老会长带回。等看完戏你就捎回来，不用叫老会长再跑腿送了。”

就这样，文工团顺利地进行了演出，而且还在附近演了三场，受到群众的热烈欢迎，激发了群众革命的热情，坚定了反帝反封建的决心。

戎冠秀能够出色地完成这些工作，不仅靠着革命热情，而且她工作起来也很有方法，善于给人讲道理，不同的人用不同的方式，灵活机动，既做好了工作，又团结了乡亲。

救护伤员

☆☆☆☆☆

（45岁）

1941年秋，日本“北支那方面军”司令官冈村宁次亲自指挥六万大军，对边区进行了惨绝人寰的大扫荡，妄图消灭晋察冀边区领导机关。

前方战事频繁，不断有伤员陆陆续续下来。担任下盘松村交通转运站站长的戎冠秀，负责转运伤员。她带领妇女送饭送水，人手不够时，她就带领妇女抬担架。她把山里的柿子、红枣、核桃珍藏起来，连平素最喜欢的小孙子也不

◁ 戎冠秀救治伤员

让吃，专门用于慰问伤员。为了能让子弟兵极早得到救治，戎冠秀就把自己的家当成兵站，给伤员喂饭喂水，接屎接尿。

有一次，她听女儿说，站上有两个伤兵，想吃水果。她就赶紧找出来八个大梨，来到站上，民兵正准备把伤员抬走，她忙叫住他们，说："你们先别走我要看看这两位同志，误你们一会儿路。"戎冠秀叫民兵把担架放下来，亲自把梨放在伤员的胳膊弯里。并吩咐民兵在路上要照顾好伤员，这才让担架抬走了。

真是倾其所有，有求必应。

还有一个八路军的重病号，在敌人扫荡时，与医院失去了联系。他走到下盘松村村外，因为左胳膊负了伤还患了疟疾，便瘫倒在路边动不了。敌人马上要来了，他还不知道，在这万分危机的时刻，戎冠秀发现了他。戎冠秀赶紧扶着他往山坡上走。病号病得很重，走路踉踉跄跄，身上直打哆嗦。戎冠秀说："同志，情况紧急，我背你走吧！"病号看见她两鬓斑白，摇摇头说："不，不，我能走。"戎冠秀见病号执意不让背，就快速地把病号的右胳膊搭在自己的肩上，用膀子使劲扛着病号的身子，蹒蹒跚跚地往半山腰攀去。山坡处有个隐蔽的洞，可是距洞口有一人多高，脚无登处，手无攀处，病号身体虚弱，怎么也爬不上去，这时附近山头响起了枪声，情急之下，她蹲下身来，拍拍肩头说："来，登着这儿上。"病号看着她，犹豫不决，戎冠秀急了，下命令似的说："同志，快呀！来不及了！"戎冠秀咬着牙，使尽全身力气，猛地把病号托起来，病号进了山洞，她长长舒了一口气，并嘱咐病号在洞里好好休息，外面不管发生什么情况，也别动弹。病号焦急地说："老大娘，你赶快隐蔽起来吧！"戎冠秀说："你不用管我，我还有任务。"说完转身下了山坡。

等到敌人走了，戎冠秀又来到山洞下，告诉病号："鬼子滚蛋了，快出来吧。"戎妈妈坚持要病号留在下盘松养病，可病号怕医院的同志惦记他，执意要赶回医院，戎冠秀不放心，非要送病号不可，病号抓住她的手说；"放心吧，老大娘，我自己能找到医院。"病号一边走，一边回头向戎冠秀招手告别："再见了，老大娘。"戎冠秀站在一棵核桃树下看着病号走了好远才离开。

戎冠秀当时并不知道，她救下的这个素不相识的病号，就是晋察冀边区战斗英雄邓世军。1944年，在晋察冀边区召开的首届群英大会上，戎冠秀和邓世军都作为代表发言，邓世军才知道反扫荡中在下盘松掩护自己的老大娘，原来是戎妈妈。

戎冠秀发完言后，邓世军跑到戎妈妈面前致谢。戎冠秀说："千万别客气！你们子弟兵为老百姓流血牺牲，谁谢你们了？"这次重逢他们才互相知道了姓名，才算真正认识了。戎冠秀非常关心邓世军，她抚摸着他身上的伤疤，问长问短，那么爱怜，那么慈祥。邓世军更是把戎冠秀当做了自己的母亲，见了面总有说不完的话。

在这次大会上，戎冠秀被授予"北岳区拥军模范——子弟兵的母亲"光荣称号，邓世军被授予"晋察冀边区子弟兵战斗英雄"的称号。戎冠秀和邓世军相处了数日，他们和"晋察冀边区爆破英雄"李勇三人合了影，还和边区首长刘澜涛、程子华、朱良才、宋劭文合了影，这珍贵的合影就是历史的见证。

群英大会后，邓世军又给戎冠秀写了信，信中说："你是子弟兵伟大的母亲，我愿将我的枪端得平平的，瞄得准准的，去射击万恶的敌人，保卫你，保卫我们的晋察冀。”邓世军和戎冠秀从此结下了深厚的革命情谊。1950 年，在北京召开的全国战斗英雄劳动模范大会上，戎妈妈和邓世军戏剧性地幸会在中南海怀仁堂，亲人相见，分外亲热，像久别重逢的母子互相倾诉着千言万语。他们幸福地同伟大领袖毛主席和中央首长一起合了影。之后，戎冠秀多次打听邓世军的消息。

1954 年，戎冠秀到北京参加国庆观礼，解放军总政治部的胡可同志告诉戎冠秀：“邓世军同志已牺牲在朝鲜战场上了。”她听说后，两腿酸软，一下子蹲在地上哭了起来。

戎冠秀去世之后，邓世军的儿子邓其平在《胜似母子情》中满怀深情地说：“老一辈的革命精神永远激励着我，我决心在新的岗位上做好工作，把老一代的革命精神和光荣传统继承下来，并世代相传。”

1943 年，抗日战争进入了艰苦阶段，日本帝国主义妄图摧毁我抗日根据地，扩大占领区，集中兵力，对晋察冀边区进行了残酷

△ 戎冠秀与战斗英雄邓世军（左）、爆炸英雄李勇（右）在出席晋察冀边区第一届群英会时的合影。

的秋季大扫荡。鬼子多次进犯下盘松村，搜山捉人，戎冠秀带领妇女孩子，逃到山沟里。因为战斗多，伤病员也多起来。

一天，吃过午饭后，戎冠秀在推碾子。听说站上来了一副担架，她赶紧扔下手中的活，看伤员去了。

那个伤员静静地躺在担架上，闭着眼睛，头上有六七处伤痕，身上到处是血，都看不清衣服的颜色了。戎冠秀俯在他耳边叫他，他一点反应也没有，一只光脚在担架边垂着，袜子和鞋也丢了，脚冻得又黑又肿。戎冠秀轻轻地把那只脚移到被子里盖上，摸摸鼻孔，还有一点气。戎冠秀心里清楚：这个伤兵一定和鬼子拼过刺刀！

转运站站长来了，说："他伤得太重了，不能耽搁，他是哪一部分的？得赶紧转移。"

抬担架的民兵说："不知道。护送的带着两副担架走了岔道，我们只知道抬到这里。"

可是等了好久，也不见护送的来。送担架的民兵也都回去了。这副担架就停在站里。

到了晚上，劳累了一整天的人们都去休息了，戎冠秀也两天两夜没合眼了，站着都快睡着了。可是她老是放心不下那个伤兵，她一趟趟到站上去，看看担架是不是已经给抬走了。她每次去看，担架依然还在那儿，伤员还是静静地躺着。她着急了，去找站长，要求派人去照看。站长说："大家都睡了，都累得睁不开眼睛了！"戎冠秀想了想，就对站长说："我来照顾他吧，给我点盏灯。"

戎冠秀蹲在伤员的面前，轻声地唤着："同志，同志！"她想叫醒他，问他想不想喝水。可是伤员一动不动地躺着，一点反应都没有。

戎冠秀端着一碗开水，轻轻地吹，又尝尝，温和了，就慢慢扒开伤员干裂的嘴唇，一点点往里灌，水顺着嘴角流出来，戎冠秀又把他的头慢慢扶正，接着往嘴里灌，水流进喉咙，发出微微的“咕嘟”声，戎冠秀一下子高兴起来。小半碗水喂完了，戎冠秀想要伤员说话，就低声问:“你还喝吗？”在昏黄的灯光下，只见伤员的嘴唇微微动了一下，然后又不动了。她又灌他一碗温开水、一碗豆浆。这时，伤员嘴稍微能张了，戎冠秀扶起他的上身，这次不用灌了，伤员一口气喝干了。戎冠秀问他:“你还喝不？”伤员说:“我就是想喝水，想——喝——”戎冠秀听见他会说话，就忘了一切劳累了，赶紧问伤员是哪一部分的，在哪儿打的仗。伤员用微弱的声音告诉戎冠秀，他们部队在柏叶沟打了十一天的仗，他已经四五天没吃到东西了。戎冠秀又给他喂了一碗水、一碗豆浆，伤员就睡过去了。

戎冠秀听说他四五天没有吃饭，光喝点汤水也解不了饿，就做了一碗热乎乎的面片，把伤员摇醒:“同志，你吃点儿面片不？”他点点头。戎冠秀又喂了他一碗面片。她看他张着嘴还想吃，就问:“同志，你吃玉茭饼子不？”他点点头:“好老乡，我就是想吃块饼子！”戎冠秀赶紧从灶火上拿了一块烤得热乎乎的饼子，说:“你吃。可是你不能全吃掉，吃半块，留下半块，要不你饿狠了，吃太饱会不好受！”

戎冠秀整整忙了一宿，像照顾自己的儿子一样，把这位奄奄一息的重伤员，从死神手里夺了回来。天快亮的时候，她看着伤员安全了，才回到家里休息一下。刚躺下，就听见门外有人喊着："老会长，老会长，你那个伤兵下了地了。"

戎冠秀急忙过去照看。她看见伤员光着脚板在地上，就回到家里，找棉花套。可找了半天，也没找到，情急之下就在她闺女的衣襟里撕下一大块棉花。她把伤员的脚用棉花轻轻裹上，又拿来自己的棉被给他盖上。

早上起来，戎冠秀赶紧到伤员这边来，关切地问伤员想吃什么。伤员说想喝小米粥。她考虑伤员行动不方便，应该给他做点饼子吃。没想到，伤员吃了两口就不吃了。她很不放心，就问："我给你盛碗稀的，你喝不？"伤员说："喝！"伤员已经自己能端碗喝粥了，他一连喝了三碗粥，又吃了一块饼子。

担架来了，戎冠秀把担架铺得厚厚的，扶着他躺在担架上，给他系好松了的扣子。还嘱咐他："你要是到了医院，叫他们给你换一条裤子，你的这条裤子全湿了。"

伤员感激地说："好人啊，好人啊，我什么时候也忘不了你的恩情呀！"

戎冠秀说："爱护伤病员是我们的责任，

咱们是一家人，用不着客气。你下次过我这个下盘松村，千万可要到我家里坐坐，我有你吃的，也有你喝的，我叫戎冠秀，担任村妇救会主任，你要记不住我的名字，就问老会长的家在哪里，就找到我啦！”

民兵们把担架上了肩，还听见那个伤员喃喃地说：“好人啊，好人啊！我的好老人啊！”

戎冠秀就是这样一心一意对待子弟兵，她把子弟兵当自己的儿子，子弟兵才会把她当妈妈一样敬爱。她就这样把满腔的爱一点一滴地浇注到每一个子弟兵的心中，让他们在那冷酷的年代享受到不是母亲胜似母亲的爱。

还有一次，一个重伤员刚刚送到家门口，送伤员的担架也刚走，就接到消息说鬼子马上要进村了。李有他们组织村民马上转移。戎冠秀把需用的东西打了个包袱，让闺女拿着，自己背着伤员上山。鬼子马上进村了，必须快走，还不能磕碰着伤员，路上又沟沟坎坎的，想站一站喘口气也不敢，直到到了山洞，把伤员放在褥子上，才算喘了两口气。

戎冠秀这时才感觉脚疼得特别厉害，她脱了鞋偷偷一看，两只脚掌被磨出了血，她忍着痛一声没吭。她心里只记挂着伤员。谁知伤员一躺下就哼哼，比刚才在路上哼哼得还厉害！她蹲下一看，才发现战士伤的是后背和后大腿根，这确实不能躺着。可趴着吧，褥子薄，地下坑坑洼洼的，也不行。戎冠秀就自己坐在褥子上，伸直两腿，让伤员上半身趴在她腿上，伤员好受了，也不哼哼了。她让女儿和丈夫帮着给伤员消毒、敷药、包扎，然后又喂蜜水，喂鸡蛋面，喂药。

伤员沉重的身子全压在她的腿上，腿很快就又麻又痛起来，当大家伙一起帮着把伤员安置妥当后，戎冠秀感觉腿不好使，怎么也站不起来，闺女给她又揉又捏，过了好半天才缓过来。几天后，找来了部队的医生进行治疗。直到伤员完全康复，重上前线，戎冠秀都始终守候在病人面前，精心照料他，从没离开过。战士临走时，突然猛回头朝戎冠秀扑腾跪了下去，抱住她两条腿哇哇哭起来：

“大娘，戎妈妈！你你、你是怎么才把我这、我这大个子背上山洞的啊！你为我熬、熬脱了几层皮，瘦、瘦掉了几斤肉啊！你把我的伤治好，把我的心也染得更红了！这回我再上了前方，一定要再多多地杀敌人，打鬼子！保证对得起乡亲们，对得起你呀，我的亲娘、母亲，我的妈妈呀你……”

这些模范事迹都是后来在边区第一次群英大会上她发言时才讲了出来。当她不紧不慢像说家常话一样讲这些事迹时，台上的首长都站了起来，向她热烈鼓掌，台下的战士们更是激动得一蹦一跳的。而她只是眼含泪花说自己还做得不够，八路军才是真正的大功臣呢！

拥军优属

（47岁）

边区军民在中国共产党的领导下，积极开展了反“扫荡”、反蚕食的斗争。经过三个月的奋斗，终于粉碎了敌人的阴谋，打击了日本侵略者的嚣张气焰。

为了总结战绩，鼓舞士气，巩固扩大

解放区，晋察冀军区党委决定召开边区群英大会。

1943年12月中旬，中共平山县委接到上级指示后，立即进行了安排部署。各区相继召开了“群英大会”，选拔出了出席县群英会的代表。各区把典型材料报到县委以后，县委组织人员审查，在审查材料当中，发现有关战斗英雄、模范游击队等方面的材料多，而缺少军民团结、支援部队作战的典型。

当时晋察冀军区二分区、四分区和三个主力团以及八区队等均在平山境内流动作战，他们的衣、食、住、行都离不开当地群众，没有人民的支援，反“扫荡”的胜利也不可能取得。

这时，出席县群英大会的代表已陆续来到县委驻地东黄泥村。时间很紧，县委立即召开了由各区带队干部参加的会议，让大家推选这方面的典型。孟家庄区带队的同志汇报说，他们区有个妇救会主任曾经救护过八路军伤员，事迹比较突出，在区召开的群英大会上因口音关系未被评选上。根据这种情况，经大伙商量决定，立即派人把那个妇救会主任请到县里来。

这位妇救会主任就是戎冠秀。她在县委机关受到了接待，并听取了她救护伤员的全部经过。工作人员连夜起草了戎冠秀的拥军材料，并刻写油印。第二天上午，戎冠秀

△ 1944年2月，戎冠秀荣获“子弟兵的母亲”的光荣称号，图为军区直属部队会后送戎妈妈返乡。

的典型材料就被发到了与会人员手中，下午戎冠秀在大会上做了口头发言。她的发言获得了热烈的掌声，大会一致选举戎冠秀为平山县出席边区群英大会的代表。

1944 年，在晋察冀边区首届群英大会上，中共中央晋察冀分局、晋察冀军区、晋察冀边区行政委员会、晋察冀边区各界抗日救国联合会联合决定，赠予戎冠秀以“北岳区拥军模范——子弟兵的母亲”的称号。原文如下：

平山县下盘松村，连任六年妇救会主任的

戎冠秀同志，一贯积极负责，爱护军队，为人表率，去年三个月反“扫荡”中间，她对过往部队，多方关心，解决困难，保证部队顺利执行任务，曾经几次救护伤员，不避艰苦危险，抚侍安慰，无微不至。发生情况，则亲自安置，亲自放哨瞭望。一次，某团一个重伤员到了下盘村，他已经四天四夜，水米未曾入口、人事不省。戎冠秀同志马上亲自看护，先用温水向其口内灌送，伤员逐渐睁开眼睛，再用豆浆慢慢喂他，伤员开始能说话，再喂以稀饭。戎冠秀同志又怕伤员受冷，把自己女儿的棉衣内襟扯下，给伤员包脚防冻，这样足足一整夜，未离伤员左右，未睡一会儿觉。这种伟大母亲的精神，实是边区人民拥护子弟兵的意志的集中表现。因此，特赠以戎冠秀同志以“北岳区拥军模范——子弟兵的母亲”的称号，并号召边区全体女同胞、全体人民，向戎冠秀同志看齐，广泛开展戎冠秀拥军运动。

“戎冠秀，真是强，爱护子弟兵胜亲娘……”这一表扬她模范事迹的歌谣，当年广泛传唱在晋察冀大地。

戎冠秀同志所做的事，被广大的子弟兵广泛传诵着，子弟兵由衷地敬爱他们的戎妈妈。她成为北岳区拥军模范。中共中央晋察分局、边区政府、边区抗联，都请她参加边区英模大会，请她喝酒，奖她银牌、布、铁锨、铁镐、奖金等。军区奖她一匹栗色的大骡子，还有一面

◁ 1944年2月，在晋察冀边区第一届群英大会上，边区党政军领导刘澜涛（前左一）、程子华（后左一）、朱良才（后中）、宋劭文（后右一）和战斗英雄邓世军（前右一）同戎冠秀合影。

大红的光荣旗。旗上面剪贴着一个戎妈妈的半身像：头上挽着髻，脖子上围着白毛巾。像底下，横写着六个大字："子弟兵的母亲"。许多子弟兵和民兵英雄们，都怀着崇敬之心仰望着这面旗，想到戎妈妈对子弟兵母亲般的爱，谁会不想着到战场多杀敌多立功来回报这位好老人呢！

军区政治部代主任朱良才率领军区直属队全体指战员欢送戎冠秀。朱主任亲自扶她上了骡子。欢送她的子弟兵整齐地排在河滩上，喊着欢送口号，她骑着骡子，在子弟兵队伍中间走过，一直到她已经走得很远了，子弟兵长长的队伍依然还在河滩上向她注目。

聂荣臻元帅给予了戎冠秀较高的评

价：战争年代，戎冠秀同志的英雄业绩鼓舞了晋察冀边区千千万万人民和人民子弟兵。我也深为她的精神所感动。正是这样，军民鱼水感情，使我们赢得了革命战争的胜利。

下盘松的老党员韩增先老人，回顾戎冠秀被评选为“子弟兵的母亲”的情景时，激动地说：“那场面我现在还记得清楚，她回村的时候，骑在大骡子上，可光荣啦，老百姓和八路军都高兴地跑出来，敲锣打鼓迎接她。她光荣了，她为咱子弟兵做了那么多好事，早就该光荣了。她为咱老百姓争得了光荣，这是咱下盘松村的骄傲啊！”

戎冠秀在优抗、助贫方面的工作也做得很好。

戎冠秀在工作中时刻想着抗属。凡事优先考虑抗属，让部队的同志能够安心带兵打仗。青黄不接的时候，她借粮食给两户抗属。一个抗属找她借粮，她把家里的借给她，自己到别处借着吃。她经常带领妇女帮助抗属打炕、锄苗、送粪、拆洗棉衣等。全村抗属，没有一个感到困难。一年中，她帮抗属及无劳力户出了三十三个工。

她协同村干部召开抗属座谈会，征求抗属意见，检讨缺点，研究以后的办法，并自己给前方的战士送去一只公鹅，其他妇女也纷纷捐献各种物产给子弟兵。上盘松有三家租种抗属地的农民，学习戎冠秀，主动给抗属加租子各一斗。全村抗属的一切困难都得到了解决。

生产自救

☆☆☆☆☆

（47岁）

群英大会后，披红戴花回家的戎冠秀，没有陶醉在庆功的锣鼓里。她把全家人领到边区政府奖励给她的枣红骡子和一匹白粗布前，果断地说："共产党号召大生产，支援前线，咱一家要走在前面。奖给我的骡子，应该大家使，奖给我的布，应该大伙穿。"她把那匹布撕成一尺见方的小块，送给全村贫雇农做鞋面，把骡子喂得壮壮的，供全村乡亲们搞生产。

戎冠秀回来之后，向县里报告了她的生产计划：

一、农业：（一）六亩玉茭谷雨前种下；一亩大麦春分种上，秋后收小麦；一亩半种

▷ 支前模范戎冠秀

小麦，已种上，秋后收小玉茭；山药半亩，秋后种萝卜或菜，都保证锄三遍;(二)羊卧地四夜，三夜地种萝卜，下三斤籽，一夜荞麦。(三)开荒十亩,保证打粮食一石。(四)修坡地五亩自耕，搬石头垒石阶，预备觅几个短工。(五)推动村里开小渠一道，改变自己一亩旱地为水田。(六)旱地五十驮粪，水地七十驮，惊蛰前把粪送上，不算开荒地及修的坡地，每驮粪约合一担至一担半，后五天全部耕完，除每天拾粪垫圈外，积绿肥五千斤。(七)家里大儿两口子，她老两口子，她三小子两口子，她一个闺女，全参加劳动；她二小子今年不给人家放牛，也回家耕地。

二、副业：栽八株花椒，一百九十四株树，种一棵核桃苗，并培养去年剩的八十棵苗。（二）养猪一个，鸡二十只，增加一只羊（原有耕牛一，牛犊一，小驴一）；这次军区奖给一头骡子。（三）摘花椒赚三百元工钱。（四）办运输收入没估计。（五）保证女儿媳妇小子打毛线，编草帽。

三、帮助与领导村里工作：（一）扩大村合作社股金，自己入股五十元，号召大家要多入。（二）牲口帮助本村抗属九户及孤寡种地，并帮助这些户做计划。（三）做好村妇救工作。（四）战时保证支援前线。

这是出自一个没有文化的农村妇女的最切实的生产计划，没有一句不着边际的空话、大话，有什么说什么，能做到哪一步就说到哪一步，这就是毛泽东思想中最光辉的一面——实事求是。

她的生产计划每一条都得到干部们的喝彩。戎冠秀身上有一种脚踏实地的精神。她常常说："说得少，做得多一点好，要不怎么能对得起上级。"

戎冠秀首先把自己家庭组织起来。在第一次家庭会议上，全家共同订出了全年的生产计划。会上，大儿子聚金保证两天把 2 亩熟荒刨完，不占整工修出 2 亩梯地；李有保证一个人六天耕完12亩平地，半月内把粪全送到地里，立夏前把庄稼全种上；二儿子存金放羊外捻线织毛袜子供全家八口人穿；三儿子兰金除跟他爹下地外，全家人的抗战勤务由他一个人去出。大儿媳也上地，荣花做饭、推碾、喂猪、捻线，14岁的养女喜花每天上学回来帮助荣花做饭，清洁卫生由她一人负责，星期日下地或拾粪，这些保证都是他们自动提出来的。戎冠秀自己保证拾粪，耕地时拉牛，耙石头，下种时点籽，在家就剥麻、纺线。她对全家人说："我们今年的生产要做得更好，和往年平均就对不起首长们了。"她还保证把全村妇女推动起来。大儿子聚金是沙坪的抗联主任（他家在沙坪有四亩多平地，他们两口子住在那儿），保证把沙坪的拨工队组织起来。李有是下盘松的抗联主任，保证把这村的男人拨工队组织好，而他们的工作在春耕结束时都做到了。

就这样，戎冠秀每月组织开一次家庭会议，每次会上，都是由大家出主意来讨论眼下的生产，决定以后，便严密分工，各尽所能，

各善其才，使全家人谁也闲不着。家庭会议上，一家人还经常检讨和互相批评，完成得好的给奖励，有缺点的就提出批评。一年共开家庭会议 12 次，在每个生产季节中他们都能按期完成自己的计划。

她的家庭会议，把她的家务琐事组织得有条有理。从边区群英大会回来，正式开会有八次。大家计划，分工负责，全家显得更加和睦，劳动的积极性很高。

戎冠秀从小参加劳动，家里地里的活，样样能干。每天天不亮就起来了，常常是她拾了一筐粪或是挑了一担柴回来，人们才起来。据不完全统计，一年内她不占整工拾粪 30 担，打柴 4600 斤。春耕时 9 亩玉茭两天就种上了。

有一次刨坡，忽然下雨了，戎冠秀就把上衣和鞋袜脱了，放在大石头后面，一直顶着雨刨到天黑才回去。这样，全家开荒 20 多亩，超过原计划的一倍。

那年夏天她家八口人病倒了一半，大儿子聚金一家又在沙坪养种，地里马上要该锄草，妇女拨工组要给她锄，她怕还不了工，没让帮忙。自己和喜花带病下地，她拄着两根棍，喜花拄着一根棍拿着两把小锄，天不亮就到地里，锄一会儿，歇一会儿，两天硬是把 9 亩玉茭锄完了。

戎冠秀一家从没有闲着的时候。下雪天，一家人出去拾粪；雨天就编筐剥麻，全家大部分的单衣和鞋袜，又都是在地里歇着时做成的。大儿媳妇坐月子，戎冠秀替她完成了割蒿计划，全家共割蒿子17410斤（原计划割3000斤），可以造肥780担，加上圈肥200担，再加上拾粪，共造肥2030担，每亩地比上一年多准备下30担粪。存金出去放羊，把中午饭省下，买羊毛捻线织袜子26双,全家一人一双还卖了18双，织上衣13件，背心2件，挣下的钱买了1只羊。她家的羊从1只增加到7只,牛增加1头，猪增加3头，打粮食34石5斗8升，比往年多打9石9斗3升，收菜7390斤，超过上一年5530斤。上一年差三个月的粮食，下一年除吃用，偿还200斤借粮外，还有余粮2石多，并且每顿吃的是黄干粮。

太行山从未种过棉花，可子弟兵不仅要吃而且要穿，如果山区能种棉花就好啦。戎冠秀有个大胆的想法：种棉花。她选了一块阳坡地，挑来山泉水，种下了棉花。一夏天，她顶着骄阳莳弄，不懂时就跑几十里山路向人打听学习。秋天到了，棉花地里一片雪白，戎冠秀试种成功了！她成了太行山一带第一个种棉人。

有了棉花，她又有了新目标——纺线织布。她利用到县里开会的机会跟房东学会了织布技术，运来下盘松村的第一台纺车。没多久，她便把连纺车都没见过的大姑娘小媳妇培训成一批纺织能手。下盘松村用自己的棉花自己织的布做了第一批军衣。

戎冠秀是苦佃户出身，从小就养成了热爱劳动的好习惯，她对一切农活都很熟练而且突出，是庄户地里的一把好手。她一贯地能吃苦耐劳，精打细算，勤劳勇敢，自立自强。在她身上集中体现了中华民族劳动人民的优良品德。这一年，靠勤劳致富，她们一家已由贫农上升为富裕中农。

她的生产方法和成功经验，也被县里、区里广为介绍。

村干部们表示：一定学习和发扬戎冠秀的革命精神，继承她的光荣传统，和全村群众一起为改变山区面貌作贡献。

劳动模范

（48岁）

1944年4月，晋察冀边区第四军区的首长特向戎冠秀同志赠送崭新的鞍架一副，并派专人送至下盘松。现将此信原文抄录如下：

戎冠秀同志：

由于你在六年担任妇救会的工作中，一贯工作刻苦负责，好几次不惜牺牲自己爱护子弟兵，救护伤病员。子弟兵有了你这种伟大的母爱精神的鼓舞，他们将更加勇敢地战胜任何困难，打击敌人！

现在春季一到，全边区到处热烈开展大生产运动！我们希望你不仅成为拥军的模范，更希望你争取作一个劳动英雄，现在仅以鞍架一副敬赠给你，请你收下。

此致

敬礼

第四军区司令员：郑维山

政治委员：李志民

副政委：王　昭

上级的信任和支持，使戎冠秀更加坚定了跟党走的信心和勇气。她满怀斗志，响应边区的号召，带领下盘村的乡亲们投入了轰轰烈烈的大生产运动。

山区妇女世代没有参加田间劳动的习惯。戎冠秀就开导她们说："整天坐在炕上，靠汉子们养活，是平不了等的！咱们是共产党领导的新妇女，要凭自己的一双手，解放自己，支援前线！"她走家串户地宣传：前方打仗，需要衣和粮。在她的大力倡议下，村里成立了垦荒团，她任团长。

全村人在她的带动下生产热情高涨，山坡上到处都是劳动的身影。

戎冠秀不仅自己家开家庭会议，发展家庭生产，还组织干部到各家各户开家庭会议作生产计划。全村 53 户有 49 户开了家庭会议，做了户计划。其中 15 户坚持每个季节都开家庭会议。

下盘松村的妇女拨工队是最先组织起来的，戎冠秀向她们讲明了拨工的好处后，便自由组成了八组，戎冠秀被选为拨工队长。因为妇女们识字不多，每组请了一个小学生帮助记工，五天开一次小组会，互相批评检讨，十天一拨工，半个月开全体大会，各组向队长报告拨工情形，并由大家讨论下个季节活儿的拨工办法。开始时有的人下地去得太迟，他们便共同订了一个公约，以后便没一个人违犯了。她们一天分成 5 分：早晨 1 分，上午 2 分，下午 2 分。在妇女拨工队的影响下，男人们拨工队也开展得不错。

在戎冠秀的领导和影响下，下盘松在大生产中发生了巨大的变化。往年不出门的大姑娘韩三莲也参加了农业生产，过去靠地租过活的韩从义在戎冠秀的说服帮助下，也赶着骡子跑运销，情绪很高。村里人们个个生产热情高涨，家家都多打了粮食。家庭会议已成为一部分农户的习惯。秋后，戎冠秀还发起了一个卫生运动，选出卫生组长，七天进行一次检查。

这一年全村农业生产打了一个翻身仗，

取得了前所未有的好成绩，全村都在向戎冠秀看齐。

戎冠秀前半年的生产计划大部分超过和提前完成。在农业生产上，作物都是按照计划播了种。她的庄稼一律要锄搂四次，免得第二年生杂草。这一年的粪也比往年的大，每亩旱地上到60担，水地上了80担，都达到了原计划的最高额。羊卧地、刨种菜、洒荞麦坡，已完成6亩，大秋至少要超过原计划（10亩）2亩以上。另外修平的地2亩，第二年就能吃它的新米，修好小渠一道，增加水地3亩多。超过原计划两倍以上。在副业生产上，原计划养一个吃肉的猪，现在又添了一个小母猪。大儿子聚金，又喂了个体己猪。原先养羊3只，后来又买了7只，超过原计划的6倍。鸡快增加到20只。往合作社入股600元，分三期交款，已超出计划的11倍。毛织品完成上衣3件，毛袜3双，保证当年冬天每人都有件毛衣穿。喜花负责给每人织顶新草帽。植杨柳、花椒、核桃树122棵，剩下的准备秋后种核桃树。纺线11两。一春天已做齐了6身新单衣。因为有了骡子用，把两个大牛半价让出，她不要多的作价和报酬，处处体贴比她还穷的人。

在村里的工作上，戎冠秀抓得很紧。在病中，她两次把组长找到床前，询问拨工的情形和布置的新工作。

戎冠秀很谦虚，她不满足于已取得的成绩。她常常检讨自己。她觉得：

（一）个人的模范作用和领导群众离得远了些，自家走在了紧前边，群众跟不上；

（二）为了更多地带领妇女来拨工，自己参加了一个最差的组，因没抓紧教育，还不如别的组活跃；

（三）没有把拥军工作变成大家的事，结果什么也得自己忙，闹的下地的时间倒少了；

（四）生产计划的个别部分没有提早完成，如刨坡、植树、编草帽。一方面是因生病，主要的还是没有按总的计划，根据不同的时期、季节和中心任务，定出具体的行动计划。

戎冠秀，一个不识字的农村妇女，没有得到过一天的正规教育，她的科学管理方法，完全来自于长年劳作中的摸索。她勤于总结，善于想办法，在实际分工中能够做到人尽其用，各擅其长。对于工作中出现的问题，不遮掩，不找借口，不推脱责任，是自己的责任就勇于承担，她就是用一颗公正厚道的仁义之心来对党、对军队、对周围的所有的人。

1944 年 12 月 20 日，在晋察冀边区召开的第二次群英大会上她又被评为边区劳动模范。戎冠秀同志虽然两度被选为英雄，受到了边区广大军民热烈的拥护，但她从不因此而骄傲自满。

她常向人说："没有共产党，就没有我这个英雄，没有上级的培养，没有村干部和乡亲们的帮助，也没有我这个英雄；没有军队在前方作战，更没有我们后方的太平。因此，我这个英雄的称号，不是我个人的光荣，而是全下盘松村的光荣……"

1945 年五专区提出开展向戎冠秀学习的号召,各地妇女组织起戎冠秀小组,发动工作、学习的竞赛。

学习文化

（49岁）

1945年，为了提高边区人民的文化水平，晋察冀边区布置了冬学工作。

戎冠秀开会回来，就和干部进行了讨论，后又召开群众大会，自由组合了学习小组，经费由大家自备，每组请一个小学生做教员。大家选出冬学委员会，戎冠秀被选为校长，并决定把冬学改称为“戎冠秀冬学”，真正贯彻了民办公助的方针。

让一个从未上过一天学的年纪又大的农村妇女，像一个小学生一样开始认字学习，这确实是件很难的事，而且还要打破旧习俗旧观念中“女人读书识字没有用”的论调，这更是难上加难的事情，可是戎冠秀不仅勇敢去挑战了，而且还获得了成功。

戎冠秀除了集体学习外，自己还想了几个学习方法：

一、黑板学习法。她做了个小黑板，把要学的字写在上面，随身带着，做饭时放在灶火炕边，一边学习一边烧火，推碾时，把黑板放在簸箕旁，一边箩面一边认。

二、纸条学习法。把学的字写在纸条上，得空就拿出来认，干什么学什么。有一次，她到区里开会，请教员给写了“开会”两个字。

三、吃饭前后，开会前后，她都拿出黑板或纸条来念，无论多忙，每天至少学一个字。

她参加的那个学习小组共5人（后扩大为8人），自己规定了学习纪律（以后这个纪律就变成每个组的了）。全村20名妇女组织了4个组，男的23名组织了5个组，青年自学组13人（男7女6），大多数人都做了自己的学习计划，准备了小黑板。戎冠秀这个小组学习最好，别组都派人上她所在的组学习一星期，再回去领导本组。

白天，妇女们三三两两在一起做针线活，戎冠秀笑呵呵地来了，她把鞋底往膝盖上一放，从口袋里掏出个纸条来，上面写着“做鞋”两个字，这两个字其实她早就学会了，但是她故意和人讨论，接着其余几个人都会掏出同样的纸条来，不同活计，不同的字，互相问问、写写，戎冠秀就是用这种办法促进大家学习，共同进步。

晚上，戎冠秀准时打上学锣。锣声在嬉笑的人群中响了,各归各组,街上立刻安静下来。

全村有三个刚生完小孩的妇女，反正不能出门，就白天黑夜地学。

最有趣的是“老头组”，戎冠秀计划以她丈夫李有为骨干，都是50岁以上的，挤满一炕头抽着旱烟，学习珠算，讨论政治。戎冠秀忙着督促别人学习，于是自己的学习时间不多，她只有散学后叫女儿喜花在家里给她补习，炕头锅边都用粉笔写得满满的。她还跟丈夫李有比赛。有一天李有要去开会,她说:“先别走，写上‘开会’两个字再走。”随手递给他粉笔，李有说:“我只会认，还不会写，但是我学会了珠算，等回来咱们比一比。”

下盘松村的学习风气，与戎冠秀的努力是分不开的。她苦口婆心动员大家上学，她对人说:“你没有东西我可以分给你，字是没法分的，只有靠自己学。我们可不敢落后，叫儿童变成双眼瞎那可不好了。”她到处讲着一个不识字的人，吃了一个麻糖给了50块钱的故事。

没有一句冠冕堂皇的话，可句句朴实的话里却透着深刻的道理。她非常善于用这种通俗易懂的语言来做宣传，让大多数人提高认识。

开学以后灯油不够，戎冠秀就号召大家克服困难。男人打柴，刨大黄，妇女做棉鞋，砸核桃，两个月来每人平均赚得百余元，完全解决了灯油的问题。真是没有什么困难能吓住她！她总能想出好办法来。

她每天到各小组去检查，看见屋子里在学习，就悄悄走了，如果没有学习，才进去问问为什么不学习，是不是有什么想法。

为了动员大家学习，她自己掏了160元钱，买了两刀麻纸，交给村长分给冬学学生。

过了一段时间，他们进行了一次测验，12天内，妇女赵明秀认了生字44个，赵兰朵认生字49个，一般人都认20个以上，戎冠秀虽年岁大也认了16个字。

现在下盘松村除50岁以上的老婆婆外，只有两个中年妇女没上学，她总觉得工作做得不够好，常常和村长讨论动员这两个人上学的办法。

戎冠秀就是这样，不仅积极响应上级的号召，还要努力把上级的精神落到实处，在工作中善于动脑想办法，把上级交给的工作尽自己最大的努力做好。

当家做主人

（1949—1989）

人民代表

☆☆☆☆☆

（53–58 岁）

1949 年 10 月 1 日，中华人民共和国成立了。戎冠秀作为华北区的人民代表参加了开国大典。

“精诚所至，金石为开。”一位普通的农村妇女，几十年间能享有那样高的荣誉，恰恰在于她的事迹感人至深，她几十年真诚的付出得到了人们的肯定，国家给予了她应得的荣誉。

这是多么光荣的事啊！不仅仅是她戎冠秀一个人的荣誉，也是整个下盘松的荣誉！临走的那天，村里老老小小都出来了，大家都喜气洋洋的，比过年过节还高兴、还热闹。下盘松的群众赶着毛驴把戎妈

▷ 1978年五届全国人会上与邓颖超重逢

妈送了一程又一程，沿途的群众听说了，也都涌出村子来一睹戎妈妈的风采。

戎冠秀出席了全国第一次政治协商会议。受到毛主席、周总理等老一辈无产阶级革命家的亲切接见。在盛大的国宴上，毛主席出现了，他向戎冠秀走过来，这个一生都在山沟里艰苦战斗的“老妇联”、被广大官兵敬爱的“戎妈妈”，激动地站起来，下意识地用手拢了拢斑白的鬓发，毛主席微笑着向她点了点头，亲切地问她：“你叫什么名字？”

戎冠秀激动地说：“我叫戎冠秀。”

毛主席爽朗地笑了：“这个名字，我知道，记得。”

这句话一下子说得戎冠秀心里热乎乎的。

毛主席，那可是咱全中国人的大救星，没有毛主席带领共产党的军队打天下，穷苦的老百姓咋能翻身做主人呢？而眼前这个令世界瞩目的伟大领袖，居然还能记得她这个农村妇女。她感动地双手端起酒杯，郑重地从胸前举起，她要喝下这杯酒，这里面有党有毛主席对边区人民的深情厚谊，她要把这份情谊带回太行山，让太行山的每一个百姓都能感受得到。

1950 年，戎冠秀出席全国战斗英雄劳动模范代表会议。在全国英模代表大会上，戎冠秀与毛主席等国家领导人一起合影留念。她的儿子李兰金牺牲后，她作为军烈属代表出席了全国军烈属代表会议。

1954 年 9 月 15 日至 28 日，中华人民共和国第一届全国人民代表大会第一次会议在北京中南海怀仁堂举行。来自全国的 1141 位人大代表出席大会，行使人民赋予的权力。戎冠秀作为全国第一届人民代表大会代表，又一次来到了北京。

在全体代表的热烈掌声中，中央人民政府主席毛泽东致开幕词。坐在台下的戎冠秀专注地注视着毛主席伟岸的身躯，仔细聆听毛主席的发言，她要把主席讲的每一句话都牢牢地记在心里，回去向乡亲们传达。

随后，进行了庄严的民主选举。戎冠秀认真填写了自己的选票，她踏着毛主席的足迹，随在毛主席身后，代表

▷ 1959年11月石家庄军分区的同志和出席全国英模会的石家庄地区英模代表的合影。前排左四为“子弟兵的母亲”戎冠秀，二排左一为时任石家庄军分区副政委的胡可。

北岳区的父老乡亲投进了当家做主的一票。会议选举毛泽东为中华人民共和国主席，朱德为副主席，刘少奇为全国人大常委会委员长，宋庆龄等13人为副委员长，决定周恩来为国务院总理。

回村后她对乡亲们说：“如今是咱们的天下了，咱们就跟着共产党、毛主席建设新中国吧！”

戎冠秀有时外出开会，十天半月不在家。她十分警惕别使自己因此脱离了群众，回到村里总要下地劳动，完成队里的劳动日指标。她的女儿李荣花是国家干部，住在大城市，多次提出要把母亲接出去享几年清福，她一直没有同意，她不愿离开乡亲们，不愿离开自己的岗位。她说：“那样做，我就脱离群众

△ 1958年河北省第三次妇女代表大会上戎冠秀（前排左三）与董存瑞的母亲（前排左二）合影

了。”她的正直无私的品质，联系群众的作风，受到了乡亲们特别是妇女们的爱戴。

情系国家

（58—67 岁）

戎冠秀始终保持着艰苦奋斗的精神，从不以功臣自居。

有一次县政府要派小汽车接戎妈妈进京参加全国人大会议，她坚决不同意。为了给国家节省汽油，她骑着小毛驴到县城再换乘公共汽车。尽管她是全国知名的模范，个人生活却一直十分俭朴。为了少花钱，她每次外出开会都尽量步行，省下的钱捐给灾区。

1954 年，上级发给戎冠秀一套灰卡叽布制服，她老人家只有进省城或上北京开会时才舍得穿，平时总是穿着打补丁的衣服。她说："当了人民代表，更不能脱离群众。国家不富裕，我们应该多为国家分忧。"

1959 年至 1961 年，我国农田连续几年遭受大面积自然灾害，从而使党和人民面临建国以来最严重的经济困难。农业生产严重受挫，粮食产量急剧下降，人民生活受到新的考验。戎冠秀表现出一名老共产党员的高风亮节，起到了良好的表率作用。她时刻想着国家群众，平时省吃俭用，一旦有的地方出现灾情，她总是拿出钱和粮支援。她为国分忧，三年没领过布票。

在 60 年代的一个隆冬，平山报社的记者阎涛接到任务专程到下盘松采访戎冠秀。当时刚下过一场大雪，巍巍太行，银装素裹，上山的路非常难走，到了天黑才赶到下盘松。

到了戎妈妈家里才知道，戎妈妈也是从这条山路上刚刚走回来的！阎涛不由得对眼前这个白发苍苍的小脚老人肃然起敬：一个大男人走起来都很艰难，她一个年已古稀的老太太是怎么走回来的？

戎冠秀给他端来一盆热水，让阎涛把湿透的鞋袜脱下来。然后把她大儿子的一双新球鞋和一双新布袜递给阎涛："穿上这个！"随后又给阎涛端来一大碗姜糖水。阎涛看着老人忙里忙外的，对他无微不至地照顾，心里很过意不去，就说："妈妈，我不是伤员，你不要……"戎妈妈马上打断他："你是不是八路军的干部？"阎涛只好说："是啊！"戎妈妈笑了："着啊，这不就对了。"

阎涛把路上没顾得吃的干粮——一张烙饼给了戎妈妈，戎妈妈没舍得吃，转回身做了两碗香喷喷的烩饼端上来，一个劲儿地让阎涛吃。她自己却吃着菜饭窝窝头。阎涛看见隔壁屋的席圈、席篓里尽放的是晒干了的野菜。就问戎妈妈："你的日子还这么苦？"戎妈妈笑了笑，把阎涛拉到另一间仓库去看，那里是一缸缸的小麦和玉米。阎涛不解地问："有这么多粮食，为什么还吃那些野菜？"戎妈妈说："那个时候是野菜里掺一把粮，现在是粮食里掺一把菜。俺愿意这么吃。人富了也不能忘了穷日子！"

仓房里还有一席囤山药干。戎妈妈介绍说，这是和村里的妇女们拾回来的。她们将拾回的山药洗净、切片、晒干。戎妈妈自豪地说：这些都是她们起早摸黑加班干的。阎涛问道:“干什么用?” 戎妈妈回答:“支援灾区。”

墙壁上挂个收据：“今收到戎冠秀同志支援灾区捐款 10 元。”戎妈妈没有工资，没有副业，哪来的钱呢?

原来戎妈妈在风雪中爬这百多里的山路，就为了省下给她发的 10 元路费。

阎涛走的时候，戎妈妈送给他一穗玉米，足有一尺半长，像个大棒槌，这是戎妈妈自己培育的玉米良种。

戎妈妈就是这样，自己对生活的要求少得不能再少，从不计较个人得失，心里时刻想着国家，想着群众。

1963 年月 10 月 2 日，戎妈妈到省里参加妇联委员会议，路过平山城时，县妇联召集了城关周围四个公社十八个村子的妇女代表、妇代会主任、妇女队长和妇女党团员，特请戎妈妈介绍她勤俭持家的经验。

会上，戎妈妈首先说：“生产自救要紧的是两条：一条是搞好集体生产，一条是勤俭节约。家庭妇女搞好节约是大事，常说‘男人是笸子，女人是匣子，好笸子不如赖匣子’，有计划地过日子，丰收年需要，灾年更需要。现在的青年妇女是在新社会长大的，没有受过旧社会的苦，吃用总是大手大脚，一遇上灾年，东西少了，就觉得没办法了。所以我们要学会勤俭持家。解放以后，我的生活和大伙一样，有了很大的改善，可是生活好了，也还得省吃俭用，防备万一。这主要是我自小就养成了勤俭的习惯。对一粒粮、一根柴、一针一线，都不肯浪费掉。拿做饭来说吧，一顿省一口，一年省几斗，有了储备，碰上灾年也不着慌。”

戎妈妈又说，现在我们受了灾，就得艰苦过日子，只要大伙努力，暂时困难一定会很快克服。

戎妈妈还提醒大家，越是困难时期，越要互助友爱。她说抗日战争时期，我们妇女的任务是拥军支前，整天整夜做军鞋、军衣、送公粮、保护伤员。那时粮食更困难，前线送来伤员，全村一起凑粮，你家一斤，他家半斤，解决了伤员吃饭问题。我们要发扬这种互助友爱的精神，把这个光荣传统继承下来。

人无远虑，必有近忧。我们从戎冠秀的勤俭持家的经验中，可以看出她在过日子上的长远眼光。

到会的全体妇女，听了很受感动，一致表示决心，回村立即发动妇女开展勤俭持家活动，依靠自力更生、互助互济，同心协力战胜眼前的困难。

她常对村干部说："眼下咱得把村子建设好，使这山村变变样。"经常和干部一起商量如何搞好家乡建设，不断出主意想办法，还经常和大伙一起劳动。

她在和平建设的几十年间，用自己全身心的爱，爱着人民，爱着集体，爱着国家。她把自己一点一滴的心血统统化在了伟大的共产主义事业之中，有谁能说她不伟大？

她这样无怨无悔、不求回报地奉献着，在她身上，真正体现出那种全心全意为国家为社会奉献的精神。鲁迅说过："我吃的是草，挤的是奶。"那种俯首甘为孺子牛的精神，说的就是像戎冠秀这样的人啊！

坚定的信念

☆☆☆☆☆

（61–84 岁）

社会终究是复杂的，农村宗族关系的盘根错节，人们的种种私欲，使得戎冠秀的正直无私竟也遭到某些人的忌恨。1957 年，戎冠秀在工作中遇到了前所未有的困难。她对农村的封建关系和党内的不正之风表示了极大的忧虑。在这种环境下，在难以避免的斗争中，戎冠秀也不是一帆风顺的。戎妈妈疾恶如仇，眼里糅不得半点儿沙子，因此也得罪了一些人。作为老根据地的一户贫农，经过减租减息和发展生产，抗战胜利时，她一家已上升为新中农了。1947 年土改，由于开始时“搬石头”和侵犯中农利益的错误，老会长戎冠秀也靠了边，不能参加开会。有人甚至扬言要斗争她。她感到莫大的痛苦，当时只有一个愿望，就是保留住自己的党籍，保留住跟着党干革命的权利。幸而这一偏差不久就得到了纠正，她又回到了理解她的群众中间。可是她的那面由聂荣臻等军区首长赠给的绣有“子弟兵的母亲”字样的奖旗，却已被贫农团收走改作他用，不复存在了，这是最使她感到惋惜的。

我们的党在发展的过程中，也不可避免地会犯这样那样的错误。而千千万万的戎冠秀们，她们对党的信任和忠诚，也经受了严峻的考验。戎冠秀，一个对党无限忠诚的共产党员，一个满腔热忱的革命战士，尽管受了委屈，但从来没有抱怨过，更从来没有怀疑过党的可靠性，她是党最忠实的好儿女。

十年动乱期间，已无是非可言。七十多岁的戎冠秀竟也遭到批斗。当造反派蛮横地逼她“交待问题”时，她只有两句话：“我什么也不记得。就记得我是党员，要跟党走到底！”充分表现出一个共产党员对党忠心耿耿、矢志不渝的崇高思想品德。由于正直群众的抵制和附近驻军的保护，她才免于遭受进一步的凌辱。

1976 年，当戎妈妈在山沟里听到毛主席离世的噩耗时，不由得痛哭失声，这个革命战争年代不惧刀枪的刚强女人，这个在困难面前从不皱眉头的老人，竟几天吃不下饭，睡不着觉，陷入了深深的悲痛中。粉碎四人帮后，这位已近耄耋之年的老人仍然一颗红心向党、向着毛主席，她扛起大镐，带领全村的群众，登上太行山顶，用饱含深情而又倔强的声音说："咱们下盘松人要祖祖辈辈听毛主席的话，跟党走，不忘拥军传统……"

建国 26 年间，戎冠秀一次一次去北京，13 次见到过毛泽东主席。

1978 年，全国第五届人民代表大会在北京人民大会堂举行。此时的戎冠秀已经是八十多岁的老人，她再一次当选为人大代表。

在此次会上，戎冠秀去拜访了 105 岁高龄的冉大姑（广西宜山县人，曾任全国五届人大代表，被评为自治区劳动模范，享年 115 岁）。回来后兴奋地说："我还不老，要跟上年轻人的脚步，为实现四化往前奔！"

戎冠秀，她永远是人老心不老，她的一颗爱党爱国的心永远长青！

1978 年 12 月 18 日至 22 日，中国共产党第十一届中央委员会第三次全体会议在北京举行。全会的中心议题是把全党的工作重点转移到社会主义现代化建设上来。戎冠秀同志深刻学习和领会会议精神，跟上时代的脚步，转变观念，坚决拥护党的各项方针、政策，积极为家乡建设献计献策。

1980年9月，全国妇联召开四届三次执委会，戎冠秀是全国妇联第四届执行委员会的执行委员。平山县委派了县妇联的封云霞同志陪同前往。此时，戎妈妈已是84岁高龄的老人，并患有高血压、心脏病等多种疾病。

连续两天的旅途劳顿，吃不好，睡不好，加上接待看望问候她的人，戎妈妈毕竟是风烛残年的老人，经不住折腾，所以感觉特别累。到了驻地后，封云霞请大会医生给戎妈妈检查身体，然后安顿她休息。

戎妈妈刚躺下一会儿，大会秘书处通知她开预备会。河北省妇联主任孟仲云悄悄告诉封云霞，戎妈妈太累了，让她替戎妈妈去听听，回来再转告她。没想到这些话全让戎冠秀听到了，她从床上坐起来就穿衣服，一边穿一边说："我能行，不要事事都要领导照顾俺。"封云霞再三劝说也没用，只得陪戎妈妈去开预备会。这次大会一直开了七天，这七天中，不管是大会报告、小组讨论，还是晚上活动，她一次也没有缺席，每次她都要提前动身，早早在门口等车，没有迟到过一次。

戎妈妈这么大的年纪，又是小脚，有时累得呼哧呼哧的，但从不要一点组织照顾，对工作一丝不苟的劲头，非常令人感动。她的这种精神风范，这种刚强能吃苦的劲头，真值得我们后来人好好反思和学习。

在这次会议结束的前一天，全国妇联的领导康克清、罗琼、黄甘英等同志，到人民大会堂接见和看望到会的执委们，戎冠秀早就来到大厅等候了，上午8点50分，当康克清来到会场时，戎冠秀一眼就认出来了，她扔掉手里的拐杖，迈开双脚迅速扑上去与康克清紧紧拥抱在一起，此时此刻她的心情十分激动，千言万语不知从何说起，戎冠秀哽咽着说:“看见你俺就想起朱老总来了……”说到这儿，康克清的眼睛也红了。

最后戎冠秀说：“祝康大姐健康长寿！”这话代表了戎冠秀的心愿，也代表了老区人民的心愿。

拥军新曲

（64-86 岁）

战争的硝烟终于被驱散了，新中国成立了。无数先烈用鲜血换来这块饱经苦难的土地的尊严。经历过血与火的洗礼的中国人民终于可以长长吁一口气，过上稳定的日子了。

在和平年代，戎冠秀并没有舒舒服服地去安享晚年，二十几年来，这位受人尊敬的老人，依然继续发扬战争年代的光荣传统，一贯满腔热情地爱护支持人民解放军。掀开了她人生第二部拥军新篇章。

尽管年事已高，但她仍十分关心和支持部队建设。经常到战士中间作报告，讲传统，教育官兵要发扬光荣传统，练好杀敌本领，保卫人民的胜利果实。

1960 年 10 月，戎妈妈随同河北省赴福建前线慰问团去前线慰问解放军。戎妈妈走遍了设防部队的每一个哨位。无论走到哪儿，戎妈妈都亲切拉着战士们的手问寒问暖，她称呼他们“孩子们”，让战士们感觉特别亲切。在部队里，她给大家讲抗日战争时期子弟兵英勇杀敌的英雄故事和“母亲送儿打东洋，妻子送郎上战场”的动人情景。她操着浓重的平山口音嘱咐战士们：“要永远跟党走，紧握手中枪。”她当时已有 64 岁高龄了,但她衣兜里总装着针线包，每到一处，都要为战士们缝补衣袜，表现出子弟兵母亲对战士的一片深情。

一天，戎妈妈到古山和尚庙附近的一个部队慰问。营房内外呈现一派清新景象，战士宿舍里非常整洁。她看到无事可做，就把一起来的女同志叫到一边，悄悄地说：“俺在这儿拴住战士们聊天，你到屋里去看看，把他们该缝补洗涮的衣物都收敛来，待会儿咱们娘们儿一块儿去洗。”仅这一次，戎妈妈带着随同的女同志为战士们缝洗衣服二十多件，许多战士感动地流下了眼泪，临别时紧紧攥住戎妈妈的手说：“戎妈妈，您真是我们的好妈妈！”戎冠秀很谦虚地说：“是共产党、八路军为咱穷人打天下，我这个逃荒、要饭出身的穷老婆子才成了国家的主人，子弟兵是我的亲人，为你们做点事我从心里高兴啊！”

其实，戎妈妈的小儿子兰金就是在抗美援朝战争中牺牲的，而她却从未给慰问团的任何人讲过。在前线慰问期间，戎妈妈日夜奔波，生活上不要任何照顾，事事都和年轻人比着干。她把全部的爱都倾注到了子弟兵身上。她老人家的一言一行，深深地感动了大家，使慰问团的成员都引以为骄傲。

在前线慰问期间，部队安排慰问团“向敌军打炮”的活动，那天风和日丽，晴空万里，大家都很高兴。戎妈妈按照指挥员的要求，昂然站在炮位上，两眼怒视着前方，脸色铁青地说：“打，狠狠打狗日的！”她重重地猛拉炮绳，随着一串串轰鸣，对面“敌军阵地”上荡起了一团黄烟。这时候，我们会深切感受到戎妈妈爱憎分明的革命情操，不由得让人由衷地敬佩。

1979 年中越自卫反击战开始以后，戎冠秀时刻关注着前方的战事，心里挂念着前方战士的安危。每逢军分区的领导来看望她，她见面后第一句话就问："南边的仗打得怎么样了？咱们的战士怎么样了？"当听说战士们打得很英勇、很顽强时，她就紧紧握着大家的手说："在广播里听到边防战士打了胜仗，就高兴得睡不着觉，听到有官兵牺牲，心里就很难过，我多么想给亲人子弟兵熬一碗鸡汤、包扎一次伤口呀！请你们给前线的同志们捎个信儿，我年纪大了，不能去看他们，很惭愧，希望同志们多杀敌，多立功，多做贡献。"军分区政治部的同志们很快将戎妈妈对前线将士的嘱咐通过省慰问团转告前线某部，并刊登在前线《胜利》报上，极大地鼓舞了全体将士的杀敌热情。1986 年月 12 月，她听说石家庄地区慰问团赴前线慰问，就委托慰问团将一面绣着"钢铁长城南疆卫士"的锦旗送给前线部队，表达了她的爱军之心。

下面是戎冠秀写给南疆卫士的信，原文如下：

驻守南疆的二十七集团军全体指战员：

你们好！我听到从祖国南疆传来的喜讯，心中非常高兴。你们肩负着全国人民的重托，在越南前线出生入死，浴血奋战，你们辛苦了！我谢谢你们，祖国人民谢谢你们！我老了，不能再为你们做工作了，但我心里一直挂念着你们，我衷心希望你们多杀越寇鬼子，保卫好祖国的南大门，我在后方等待着你们胜利的消息，盼你们早日凯旋归来。

戎冠秀

1987 年 5 月

她年纪大了，不能经常下山到营房看望战士们，心里面却一直惦记着。每逢“八一”建军节或者军分区领导去看望她时，她总是非常激动，拉拉这个人的手，摸摸那个人的衣服，嘘寒问暖。她把家里平时不舍得吃的好东西都一股脑地搬出来，给大家砸核桃、剥花生，看见大家吃到嘴里，才开心地笑了。那情景就像当妈的看见了刚从战场回来的亲儿子一样。

如此高龄的老人，仍然不辞辛苦地为子弟兵服务，是什么支撑起她执著的精神？哪来这种超凡的能量？我想，这种力量来自于战士对她发自内心的敬爱，来自于把戎冠秀扶上马，自己却跟在后面跑的“专员大人”，来自于为让她学纺线撕开自己新棉袜子的县妇救会长……正因为有了这一切，才更加坚实了戎冠秀跟党走的决心，才有了她对党的

◁ 1987年，驻石某部官兵为戎冠秀祝贺90诞辰。

事业的无限忠诚。她爱党爱国的心像下盘松山上的松柏一样永远长青。

1982 年 12 月，她 86 岁了，萦绕她心头的仍是人民子弟兵。她在全国妇联四届四次执委扩大会议上，庄严地建议："宪法上应该规定做好拥军优属工作。让全国人民永远忘不了那些为国出力的军烈属们！"她顿了顿，声调有些激动地说："我老了，做不了多少事了。我希望发动全国人民做好这项工作。"

从北京开会回来，一下火车，她听说石家庄地区召开拥军优属先进分子代表会议，她不顾旅途劳累，就参加了会议，并给代表作了报告，动员大家搞好拥军优属工作，支持部队建设。

人们常常把眼光聚向业绩显赫的胜利者，聚向实业家、政治家、文学艺术家等等，这无可厚非。但是，一切“家”，不论从事何种具体的社会职业，首先要是一个“人”，一个“大写的人”。这里有一个共同的东西，就是精神。毛泽东同志在祝吴玉章同志60寿辰时说过：“一个人做点好事并不难，难的是一辈子做好事，不做坏事，一贯的有益于广大群众，一贯的有益于青年，一贯的有益于革命，艰苦奋斗几十年如一日，这才是最难最难的啊！”

言传身教

☆☆☆☆☆

（68–90 岁）

1964 年，戎妈妈曾在《石家庄日报》（农村版）对“怎样正确认识个人的前途和理想”发表过她的意见。

她认为一个人从出生到长大，作父母的当然要付出很多心血，但更重要的还是党和国家对青少年的培养教育和无微不至的关怀，才使他们得到了健康的成长，成为社会上有用的人。因此，在孩子们确定个人志愿和理想时，当父母的应该教育儿女，根据国家的需要来设计自己的理想和志愿。革命事业需要他们干什么，就鼓励儿女积极去干，并要求他们一定要干好，这样才是好父母。

◁ 1968年，戎冠秀已经是60多岁的人了，参加民兵训练时，枪法仍打得很准。

她有三个儿子，两个闺女。大儿子病死了，二儿子李存金在本村担任党支部书记，三儿子兰金在抗日战争期间，在她的鼓励下参加了八路军，抗美援朝时牺牲在朝鲜战场。为保卫祖国而牺牲，这是光荣伟大的行为。大女儿李荣花也早参加了革命工作，远离家乡。孩子们都能为国出力了，她心里才感到安慰。

她这样教育儿女，有人想不通，认为她是“狠心的人”，“没有当娘的心肠”，把孩子送得死的死、远的远，难道就不心疼吗？她回答说：哪有做娘的不想儿女的。虽说孩子是自己生的，可都是党培养教育的，孩子长大成人之后应该报效国家。为国家、为人民远离父母，甚至流血牺牲那是应该的。当娘的也为孩子这种行为感到光荣，这样，做父母的也算尽到了责任。

1978年，戎冠秀又把孙子送去当兵，她把一双亲手做的老山鞋给孙子包好，又让孙子挑上一担山泉水，祖孙二人来到两棵白杨树下，舀起一瓢瓢清水向树下浇着。两棵白杨已长得有小孩子的一抱粗，虽在严冬，树叶已脱尽，但看起来依然那么苍劲、挺拔！

原来这两棵白杨树背后还有一个感人的故事。这树是35年前，戎妈妈的儿子兰金参军离家前夕，母亲、儿子和养女喜花三人在月下共同栽下的。那时这树还是只有指头粗的小苗。“敌人打不完，别回来见我！”在分别的路口上，戎妈妈再三叮嘱。这以后，儿子的信带着捷报不断寄来，直到抗美援朝的五次战役之后，兰金的信忽然中断了。戎妈妈抽着麻线思前想后，望着几天来不言不语的喜花犯了猜疑。终于有一天，喜花再也忍不住放声痛哭了，戎妈妈什么都明白了，戎妈妈没有哭，却把手一甩，提起水桶，奔向山泉，那脚步迈得沉重而有力……

时隔35年，当她把自己的孙子送到前线的时候，她又用这两棵傲挺的白杨激励第三代人，像叔叔一样去战斗。

戎妈妈时常教育部队官兵不要忘记革命的优良传统。每逢野营拉练的部队来后，她会带领大家到当年转运伤员的旧址和掩护伤病员的山洞看看，勉励大家要按照毛主席关于建设人民军队的指示，加强军民团结。她还在当年斗争地主的大槐树下，讲述阶级斗争的历史。到坟沟岭下，讲述当年群众坚壁清野同敌人进行斗争的事迹。让战士们牢记今天的胜利来之不易。有时，她拿出解放前挖野菜的篮子，激励指战员们不忘艰苦奋斗的优良传统。戎冠秀老人的这种爱护和关心战士成长的精神，使官兵深受感动。

戎冠秀的言行激励着周围的群众。人们自觉地像她那样把拥护、热爱、学习解放军，看作是自己义不容辞的责任。二嫂做军鞋，就是千百个拥军故事中的一个。

二嫂名叫梁三花，是大队党支部书记李存金的爱人，戎冠秀的二儿媳。二嫂和婆婆一样，也是苦人家出身。在戎妈妈的教育下，她尽管不是干部，但是主动去做拥军优属的工作。就在“秋毫无犯模范连”住下的当天晚上，二嫂端着一簸箕新鞋，去给战士换。她挨门询问，亲眼看，亲手摸，直到战士的鞋的确不用换才肯走。最后，她到了军属任玉莲家，那里住的是炊事班的同志。二嫂发现一个战士的鞋湿了，非让他脱下来换上不可，战士硬是不肯。为了说服对方，二嫂就讲了一个鞋子的故事：

“那是1952年，孩子他叔叔抗美援朝在国外，我刚做好一双军鞋，打算给他捎去，让他穿上新鞋不忘本，抗美援朝，保家卫国杀敌人。没想到鞋没寄出，就接到他光荣牺牲的消息。我们都很难过。我妈妈忍住悲痛对我们说：‘哭顶甚，打仗能不死人？不流血哪能换来胜利！儿为抗美援朝牺牲，我当妈妈的也光荣。’后来妈妈对我说：‘你再多做几双鞋，留给咱解放军同志们穿，他们个个都是咱亲人呀！’从此，妈妈和我有空就做鞋。”

说到这里，二嫂双手捧着那双鞋说：“同志，这鞋我们就是给你做的，你们不穿我该给谁穿？”战士含着热泪，接过二嫂手里的鞋，激动得不知说什么好。

我们可亲可敬的戎妈妈把对儿子的深挚的爱都给了战士们，这么好的妈妈，战士们能不敬爱她吗？

80年代后期，由于全民国防教育不落实，各地出现了不同程度的征兵难问题，戎冠秀对此十分关心。

1986年9月16日，为了做好适龄青年的思想工作，90高龄的戎妈妈不顾身患多病，拄着拐杖把本村适龄青年叫到家里语重心长地对他们说 :“俺叫你们来，想嘱咐几句话。听说有的青年觉得当兵吃亏，不愿报名，这是不对的，是忘了本。现在咱们过着安生日子，靠的是谁？还不是咱亲人解放军！没有他们在前方流血牺牲，你们能在家安心劳动，能开着拖拉机去致富吗？能带着对象去赶集上店，全家团圆吗？为了保住这个安生日子，你们青年人的心千万不能往钱眼里钻。要听党的话，发扬咱老区的光荣传统，积极参军，挑起保卫国家的重担。”她接着说 :“有的青年怕当兵打仗，怕流血牺牲。如果青年们都这么想，谁来保卫国家，到时候敌人打进来咱们都得完蛋！我的儿子兰金就牺牲在朝鲜战场。当兵就是要打仗，就要流血牺牲，就是真的牺牲了，那也是为了咱人民，是光荣的！”她还说 :“当兵不光是练武，还学技术，长见识。你们不出去，在这穷山沟里有什么出息，到部队锻炼几年，学点本事，回来后好为家乡出力，更快地改变山区的贫困面貌，过上更好的日子！”

青年们听了，连连点头。通过她做思想工作，青年们都愉快地报了名，当年下盘松村就成为平山县征兵工作的先进村。

戎冠秀对人民子弟兵有着真挚深厚的感情，深刻懂得“国无防不立，民无兵不安”的道理，她热爱解放军，关怀解放军，以实际行动支持人民解放军建设。

克勤克俭

（69–80岁）

1965年初，在第三届人民代表大会上，著名表演艺术家胡朋与戎妈妈同志又见面了。

胡朋永远也忘不了1944年她与胡

可一起采访戎妈妈的情景：当时她48岁，高高的个子，神态安详。穿着一身破旧的黑棉袄，袖口已经露出了棉花，谈话的时候还不时用手把棉絮往里塞一下。胡朋看见了，便把自己的底襟剪下来一块，和她一起给袖口打了补丁。布的颜色不一样，胡朋很不安，她却并不在意。当她的女儿荣花抱起大会奖给的布高兴地说："娘，这回你该做一件新棉袄了，看你那衣裳破的！"谁想到戎妈妈却说："新三年，旧三年，缝缝补补又三年。"她把布都分给了乡亲。

胡朋再次见到戎妈妈，时间已过了二十多年，戎妈妈已是七十高龄的老人了。她拉着戎冠秀一起逛了东安市场，并在东来顺定了位置，请她品尝一下北京的涮羊肉。

老人身体仍然十分硬朗，老伴已经去世了，眼下二儿子李存金担任村里的支部书记，工作、人缘都很好。几个孙子也都长大了，大孙子已参了军。小女儿李喜花在邯郸工作。大女儿李荣花在武汉工作，在工厂里担任干部。她想接母亲去住，戎妈妈没有同意。她说："党培养我是为了让我工作，不是让我享清福的，别看我快七十了，生产上我还能带头，劳动起来男劳力也赶不上我。唉，我什么也不愁，就是愁村里的生产上不去。前年开了一片河滩地，一场大水给冲了。我怎么才能把生产抓好？我就是这点不顺心。"

正说话的时候，服务员把羊肉片、白菜、粉丝、豆腐、烧饼摆满了一桌。戎妈妈着急地对胡朋说："老胡，怎么弄了这么多菜！真要吃七个碗八个碗吗？咱们就吃这白菜粉丝就好。有这四个菜就够了，那肉不要了。"听她这么说，胡朋心里有点发慌，幸亏同来的两位同志问这问那，才把她的话岔开。

胡朋对她说："我们好多年不见了，这回好不容易见了面，难得在一起吃顿饭。打日本时，你把好吃的东西都给了我们这些当兵的，把我们当儿女一样看待。今天你来到北京，我们请你吃这么点东西，难道不应该吗？"戎妈妈说："这些年我经常出来开会，好东西吃了不少。你为我花这么多钱，我可是心疼。眼下老百姓吃饱饭已经不容易了，过年过节才能见个油水，咱们可不能铺张浪费呀！"说着就用烧饼沾盘子里的油汁，并说："吃到肚里总比倒掉了强。"她的这番话和举动，使在座的每位的心里都变得沉甸甸的。

戎妈妈勤俭节约体现在一点一滴上。她要求儿孙"吃饼不能剩块，吃饭不能剩底，吃米不能掉米粒"。时代在前进，生活在改善，但这"三不能"的家训永远不过时，要代代相传。最让人不能忘记的是，1964 年，大孙子要到离家六十多里的上文都中学读书。临走时，戎冠秀送他一个刷牙缸，并语重心长地说："这是我外出开会时用过的，虽然旧点，但还能用，你要记住：只有好好学习、勤俭节约才有出息。”

1965 年夏季，河北省妇女代表会和贫下中农代表会，先后在天津市召开。在贫下中农代表会上，戎妈妈有机会就给身边的人讲，现在日子好过了，但是勤俭节约的精神不能丢，富日子要当穷日子过，吃饭穿衣一定要精打细算。一次大家围坐在一起吃饭，一个小孩子把米粒掉到桌子上，戎妈妈当即把掉在桌上的米粒拣到自己嘴里吃了。孩子的妈妈心里感到怪不好意思，可又为老人家勤俭的美德所折服。

年过七十后，她还不顾年高体弱坚持下田，除去开会每年参加劳动二百多天。

戎妈妈常说：“劳动最光荣，参加劳动可不是一般的事儿。”年近花甲，每天清晨，她都背起粪筐去拾粪，然后交给集体，不要任何报酬。她虽然经常出席各种会议，可每年出工都在 170 天以上。戎妈妈差不多顿顿端个大海碗，把饭盛得满满的，走街串户，一边吃一边安排农活儿，商量工作。若不是亲眼所见，很难相信，一位古稀之年的老人，冰天雪地仍和青壮年一起上山挖鱼鳞坑，植树造林，天寒地冻，一镐刨一个白点儿。中午也不回家吃饭，啃一块玉米饼子充饥，抓一把积雪解渴，让人心疼得落泪又肃然起敬。八旬过后，戎冠秀仍执意喂猪、养鸡、拾柴、做饭，忙个不闲。

戎妈妈做全国人大代表，每年都要进京开会，因为年纪大了，每次都由县妇联派工作人员封云霞陪同。有一回，她住在六楼，因为她年纪大了，小脚，走路不方便，一日三餐便由封云霞给她送到房间。食堂里的师傅每顿饭都要把各种饭菜盛点，每次她都嫌带得太多。当她得知吃剩下的饭菜要扔掉时，心痛地说："这么好的东西扔掉多可惜呀，现在咱们的国家还不富裕，像这样糟蹋粮食怎么得了呀，这社会主义还怎么建设。"接着戎妈妈就给封云霞讲她自己的苦难历史。封云霞告诉她这是会议上要求的，不要太认真了。戎妈妈坚定地说："那也不行，从下顿起就少带点儿来。"尽管少带，可是每次带的也不可能那么完全正好。

一次吃剩下一个小馒头，当封云霞送篮子时，她要把馒头留下等下顿饭吃。封云霞怕她年纪大了，吃了凉东西会不好受，说什么不肯答应，硬是把馒头拿走了。可是，打那以后，戎妈妈都把饭菜吃得干干净净。一次取饭前，她告诉封云霞，她不太饿，少带一个馒头来。有时封云霞打

饭回来，她说：“你看到底是老了，又忘了告诉你少拿一个馒头。”可每次往回送餐具时她都把饭菜吃光了。封云霞怕她吃不饱，问了几次，她都说吃得挺饱的，有时还故意让封云霞摸摸她的肚子。一天,封云霞半开玩笑地说：“戎妈妈，我这个小服务员还够格吧，连你的肚子大小我都知道。”戎妈妈听后咯咯地笑了起来，这可把封云霞搞糊涂了，急忙问：“怎么了，我不够格？”戎妈妈说：“不是的，傻闺女，秘密在这里呢。”说着她撩起大衿，熟练地从衣兜里掏出一个小馒头。封云霞的脸刷地一下子红了：“戎妈妈，你怎么能这样做，吃病了可咋办？”“没事的,俺的肚子可能耐了，能吃野菜树根，能吃白面大米，这是锻炼出来的，这么好的东西扔了是造孽呀！”她一边说一边把那个小馒头装进了兜里。七天的会议结束了，戎妈妈圆满完成了开会的任务，身体也没出毛病。许多年后，封云霞回顾这段往事时，还感慨不已，她说:“戎妈妈的好思想、好品德是传给我的无价之宝。”

戎冠秀就是这样，用她的实际行动来感

染身边的人，她的优良品质，她高尚的品德，使一代又一代的人深受教育。

 鱼水情深

☆☆☆☆☆

（76—93 岁）

戎冠秀是全国爱国拥军的一面旗帜，在她身上集中体现了人民群众与人民军队的鱼水深情，深刻反映了人民与军队之间的血肉联系。

1972 年新年过后，解放军某部“秋毫无犯模范连”要来下盘松。戎妈妈和下盘松的军属、烈属、贫下中农一起，把向阳暖和的房间腾出来，炕上铺上厚厚的毯子、毡子或羊皮。部队进村的前一天下起了大雪，戎妈妈拄着拐棍挨家检查，挨个嘱咐，让大家把雪扫净，把

水缸挑满，让亲人进家后，安安稳稳地休息。第二天清早，戎妈妈来到村口，站在石坡上，看着扫完山路归来的民兵，望着从远方移近的解放军，她笑了。

住在戎妈妈家的某部战士武伟华，有外出任务。他怕给戎妈妈添麻烦，打算鸡叫二遍偷偷起身赶路。没想到，鸡叫头遍，老人家就把饭菜准备好，来推小武起床了。小武端着香喷喷的面条，心情激动得难以下咽。戎妈妈却在旁边说："快吃，凉了吃不好，怎么赶路？"小武离开戎妈妈，赶了几十里山路，来到一个镇子，想到饭馆去吃午饭。打开挎包，发觉多了一大卷东西，原来是一大张烙饼和八个鸡蛋。小武看着这一切，鼻子一酸，眼泪流下来。他回头仰望着高高的太行山岭，想起戎妈妈为他操劳一夜的情景，心里暗下决心："妈妈，我一定像您一样，永远做一名忠于党、忠于人民的好战士。"

1977 年春节前几天，人民解放军白求恩国际和平医院派了三位代表，前去下盘松探望已经 81 岁的戎妈妈。

一个晴朗的早晨，三位解放军同志从石家庄动身向太行山进发，他们就像即将回到离别多年的故乡一样，怀着极其兴奋的心情，一路上谈论着戎妈妈对子弟兵的关怀和英勇抢救伤员的事迹。原来几年前戎妈妈患病，人民解放军白求恩国际和平医院曾两次接她来住院治疗。这位革命的老妈妈，即使在住院期间，也表现了对子弟兵的无限热爱。她把自己看作是医院里的护理员，每天很早起床，带病为那些住院治疗的不能下床的解放军同志打开水，倒便盆，打扫卫生，表现了军民之间的鱼水情深，这使有的同志感动得流泪，也教育了那些担任医疗的战士们。几年过去了，戎妈妈她老人家的健康情况怎样？医院的干部和战士都十分惦念她。

戎妈妈听说医院的战士要来看她，早就在门前高坡上迎候了，戎妈妈站在一片柿子、

△ 和戎妈妈在一起的日子

核桃的树林中，不时地向远处眺望，她一见到同志们，就激动地握住大家的手说："你们工作那么忙，还专门来看我啊！"戎妈妈把解放军同志让到炕头上，高兴地说："听说你们要来，我盼啊，等啊，外头刮阵风，也觉得是亲人到了。"说话间，她的儿媳和孙媳把热气腾腾的白菜、豆腐、米饭端上来了，戎妈妈一碗一碗送到同志们手中，还说："谁也不兴客气，你们到了这里就是到了家。"接着又从油漆柜子里拿出山里的土产：核桃、山枣、柿子，摆了一炕桌。一位生产队干部笑着说："戎妈妈见了解放军，把年货都搬出来了！平时这些东西她自己都舍不得吃啊！"

戎妈妈盘腿坐在战士张玉清身旁，伸手摸摸他的腿，说："看，进山连棉裤也不穿，山里的风可凉哩！"说着就从炕角拉出一条褥子，盖在小张的腿上。

见到亲人话就多。戎妈妈说："最近，村里正组织大伙儿学习毛主席著作、学习文件，心里清亮多了，也觉得日子有了奔头……"

一大早上，天刚蒙蒙亮，战士们就起床了。战士于得里忙着为戎妈妈挑水、扫院子，景玉兰张罗着收拾屋子。张玉清看到戎妈妈的屋地不够平整，担心老人家绊倒了，他担土和泥，把屋地垫得平平整整。

戎妈妈隔着窗户喊："真是闲不住啊！还是八路军的老

作风。快进屋暖和暖和吧！”景医生走进屋，坐在炕沿上为戎妈妈梳头。看着戎妈妈满头白发，她不由心中涌起无限敬意。可亲可敬的戎妈妈啊，您为民族的解放，党的事业，耗费了多少心血，这满头银发就是见证啊！

前来探望的解放军同志，提出要跟戎妈妈到村里去转转。戎妈妈觉得天凉，想给小张找条裤子加上，但没有找到合适的。于是，她托人到村供销社买了条新绒裤，一定要小张穿上。小张为难地看看周围的同志，说："真不冷。"戎妈妈不依不饶："你上山就得穿厚点，要不穿就别出屋。"小张实在扭不过，只好穿上了。

大队党支部书记李存金自愿担任向导，带领大家上山去看当年戎妈妈掩护伤员的山洞。人们攀上一条条陡峭险峻的羊肠小道，太行山的千岭万壑，尽收眼底。人们在出了几身汗之后，终于找到了那个在褐色巨石覆盖下的山洞。这情景使人想起那些战火纷飞的年代，仿佛又看见伤员们踏着戎妈妈的肩和她那高举的双手向上奋力攀登的情景。

最近几年，戎妈妈和下盘松村的军属、烈属、贫下中农一起，每年都迎来一批批到这里来向人民群众学习、进行野营训练的解放军指战员。人民的子弟兵到了这个小山村，就像回到自己家里一样。

李书记向大伙儿讲述了有关戎妈妈一件件动人事迹，

同志们心里备受感动。

下山的时候，战士小张思谋着要送戎妈妈一件“礼物”作为留念。他想到戎妈妈年纪大了，走路不方便，就钻进树林，为她选截了一支手杖，回来又细细地雕琢、打磨，这支自制的手杖，寄托着子弟兵对戎妈妈的深厚的情意。戎妈妈接过这份礼物，细细端详，沉思片刻，说：“我还不老。我向党支部要求分派我一些我能办到的事。孩子，今后我拄着你做的这只手杖上山过河，还要跑它十年八年，一定要亲眼看到我们的国家变得更富庶，更强大。”

医院的同志们要离开了，戎妈妈知道留

△ 戎妈妈和战士亲切交谈

不住，她深情环视着每个同志，说："欢迎你们再来。请转告医院的首长和同志们，我挺结实，请他们放心。"

汽车在尘土飞扬中渐去渐远了，戎妈妈还依然站在核桃树下，向他们挥着手。

1977年冬，戎妈妈把前来采访的记者迎进屋里，端出红枣、核桃和冻柿子，捅开炉火，拧开哗哗的水管。大山里装自来水了？大家都深感诧异。

戎妈妈很自豪地说："村里还办不到，这是儿子专给我修的，一会儿领你们参观参观！"戎妈妈口中的"儿子"有特殊的含义，是指那身穿军装的战士们。为了这些亲人们，戎妈妈把山区的珍宝：核桃、红枣、柿子终年珍藏着，连孙子也找不着。孩子常常撅着嘴，歪着脖子，说："奶奶就是偏心眼！"戎妈妈带着大家绕过青砖房，穿过柿子林，走过细沙路，石灰抹平了井台，在冬日的阳光下，井水蒸腾着白蒙蒙的热气。戎妈妈躬身掬了一捧，一饮而下，开心地说："这是山泉水，热着呢，也甜着呢，腊月里也不结冰。"

大家俯下身仔细看，不禁被挖井人的苦心所感动。原来井底有十几个如豆的泉眼，水珠无声无息地吐露出来，溢满了井筒之后，又悄悄地向别处渗去，即使日夜奔突抛洒，水也永远溢不出井面。一节水管，安在井筒内，经过细沙路面，通到戎妈妈伸手可触的地方，无论洗菜、淘米，只要水龙头一拧，那清冽的泉水便倾流而出。戎妈妈漾起满脸笑意，那眼神向峰峦起伏的远方瞭望："唉，一个个不留姓名，想得挖心也没处找啊！"

原来这眼井是一支拉练的部队，连夜为戎妈妈修成的，修好井部队就出发了。

官兵们爱戴她，因为她在人民战争的风烟岁月，英勇无畏，用自己全身心的爱，救护了为民族奋斗的人民子弟兵。

1987 年 7 月下旬，平山县妇联和村妇代会的同志去看望 91 岁的戎妈妈。老人从箱底翻出二十多年前纳好的鞋底，让她们帮忙做一双当年聂司令喜欢穿的布鞋寄给他。妇联的同志深知老人的心思。她想给聂帅做布鞋，一是表达对老帅的思念之情，二是让青年人莫忘爱国拥军的传统，便欣然答应。鞋子做好后，戎妈妈又让人替她附上一封信，告诉聂帅，拥军的好传统在平山县传了下来，请他放心，并祝他健康长寿。聂帅收到鞋子，心情非常激动，引起了对战争年代解放区生活的回忆和对老区人民的思念。他的革命军旅生涯中有11年是在晋察冀边区度过的，那里是他的第二故乡。那里的山川，那里的人民，他永生难忘。当时，聂帅给戎冠秀老人回了信。他在信中说：“这双鞋虽然很普通，但它包含了老区人民的心意，是军民鱼水情的结晶，我将永远保留纪念！”他深情地祝愿戎冠秀老人健康长寿，祝愿平山父老乡亲们生产发展，生活幸福！

在戎冠秀老人生病住院期间，聂帅委托正在河北抗日根据地进行聂荣臻传记采访的同志到医院看望她，并将一束“勿忘我”花送到她的病床前。那时，戎妈妈激动得老泪纵横，连声说“谢谢聂司令员！”并嘱托守护在身边的女儿给聂帅也捎去一束“勿忘我”花。戎妈妈向在场的人说，1944年聂司令员亲自批准授予她“子弟兵的母亲”的称号，这是对她的鼓励，是她一生最大的光荣！

村里71岁的韩增宝老人说：“解放后这些年，戎冠秀经常惦记着子弟兵，80岁时还做鞋让人捎给部队。从老山前线归来的官兵看望她时，她鼓励战士们英勇杀敌，保卫祖国多立新功。”

越到晚年，戎妈妈对子弟兵的情义却日益俱增。尽管她儿女成行，子孙满堂，儿孙们也都孝顺，但她对人民子弟兵的感情比对自己的亲骨肉还深。只要看见穿军装的，不管是将军还是士兵，不管认识不认识，她都拉到炕头说说心里话，吃她一顿饭。记得一个春节，省军区、军分区领导带领机关同志前去和她共度佳节。

一进村，就远远地看见老人家拄着拐杖，迎着寒风，站在家门口，像一位望眼欲穿的慈母见到刚归来的游子一样，快步迎上来，紧紧攥住大家的手，高兴得两眼闪着泪花，口里念叨着："可把你们盼来了……"

站在旁边的戎妈妈的孙媳妇对大家说："奶奶寻思你们快来了，天天念叨你们，吃不香，睡不着，一天到门口去看好几遍。"戎妈妈把同志们拉到她早已烧好的热炕头上，问寒问暖，还端出她特意炒的瓜子、花生、核桃等山乡特产让大家吃，又翻出珍藏的老照片给大家看，还说："真想你们哪，见不到你们我就看照片，看见你们我心里格外高兴。"说着，布满皱纹的脸上流下了两行热泪。

戎妈妈对军队的爱已深深地铭刻在心底，这时候她的心又回到了当年。

当 1989 年春天北京发生反革命暴乱时，戎妈妈正在白求恩国际和平医院治病。当她得知亲人解放军被打、军车被烧的消息后，她受到很大刺激，在病床上痛哭失声：“坏人的心好狠呀！”由于病情严重，有时神志不清，但是只要着装的解放军去看她，她就会兴奋起来，有时会声音很大地讲：“好好养伤，养好了去消灭敌人！”这是戎妈妈留给全军将士最后的声音。

居功不傲

☆☆☆☆☆

（84–92 岁）

长期以来，她居功不自傲，艰苦朴素，从不向党伸手，深受部队官兵和群众的爱戴。戎冠秀同志不愧是子弟兵的好母亲，不愧是我们党的优秀党员。

鉴于戎冠秀为革命和部队作出的巨大贡献，80 年代党和政府打算把她从山里接到城市里来欢度晚年。她对接她的工作人员说："俺不去，俺在山里住惯了，日子也比过去强得多，不愁吃不愁穿，党和政府给了俺很多照顾，俺不再给国家添累赘了。"她执意不肯进城，始终住在她战斗生活了大半生的下盘松村。

在这里，她一直保持着艰苦朴素的作风，过着劳动人民的质朴的生活。在她的屋内，除了墙上挂的反映她战斗和经历的一些照片、简陋的桌凳、朴素的铺盖外，再没有其他的现代化豪华陈设。就在90岁高龄之际，她还亲手用一些两寸长短的彩色碎布片为小孙子缝成了一条三尺多长、五彩缤纷的小褥子。她拿出来给大家看，脸上流露出自豪的表情。

不以物喜，不以己悲。戎妈妈从未坐在功劳簿上沾沾自喜。不论是地位变了，还是生活条件变了，她都没有变，自始至终，保持着她那纯粹的、令人肃然起敬的优良品质。

她还经常教育儿孙要艰苦朴素不忘本，不要讲吃讲穿。大孙子结婚时，乡亲们问她："您的大孙子结婚，送点什么呢？"戎妈妈回答："一把锄头，一把锹，回家就下地干活儿去。"她老人家还开导孙女："等你结婚时可不要跟她们学。"(指某些人大操大办、铺张浪费)孙女听她的话，结婚时，一分钱的彩礼也没要，只买了几斤糖果和瓜子招待客人。

她看到村里穷，小学校舍低矮破旧，孩子们没地方念书，就把土改时分到的五间大瓦房无偿地让给了学校，自己搬到坡下两间小平房去住。她还用自己节省下来的钱给小学买了皮球、万花筒等玩具，供孩子们玩儿。对此，儿女最初不理解，还埋怨她。戎妈妈说："光自己玩儿有啥好？大家一起玩儿多开心！"

她朴实无华，然而，她在一件件具体的事情上总是体现出鲜明的爱憎，慈母的热肠，有谁能说她不伟大？

三孙子李雄飞从部队复员回村后，村干部说："雄飞当兵回来了，您跟领导说说，给雄飞在外边找个事吧！"戎妈妈说："家里外头一个样，都是给国家干事，我这一辈子不是都在村里嘛，咱不能给国家添麻烦。"三孙子听奶奶的话，安心地在村里扎了根。

1988 年，戎妈妈病重时，省、地、县的党政军领导多次去家里看望，劝她来省会治病。她总是一句话谢绝："我老了，不能给国家做工作了，不要再给国家添麻烦了。"乡亲们和儿女们也劝不动。一天，她的二女婿从邯郸回来了，灵机一动，劝戎妈妈："咱们去蛟潭庄医院看看吧，上午去，下午回来，不给国家添麻烦。"戎妈妈这才点头同意。上了车，一下子就来到石家庄白求恩国际和平医院。给戎妈妈检查身体的那位医生曾到下盘松给戎妈妈看过病，被戎妈妈认出来了。戎妈妈一次又一次地批评女儿李荣花："这都是你的鬼主意。来这儿治病，又得花国家的钱。”

有些同志来看望戎妈妈带来一些食品。戎妈妈总是说：“看到你们我就高兴了，以后再也不能带东西。”她还嘱咐女儿：“不要收人家的东西。”三八妇女节,战士们送来橘子。戎妈妈看到后又严厉批评女儿：“你不是说，不再收人家东西，怎又收了？”

医院护士长潘桂英说：“戎妈妈为我们战士做的好事数不清，如今我们为她出点汗又算得了什么？”而戎妈妈总是慈祥地念叨没完:“你们辛苦了，歇会儿吧，谢谢你们啦。”护士林海春给戎妈妈喂饭时，她总是叫女儿拿来食品,“你们吃,你们吃！”护士们听到“母亲”这熟悉的话语,想起往事,是多么亲切啊！院子里的果树今年又结不少果，戎妈妈嘱咐儿媳把果子留下点儿给战士们吃。

戎妈妈在住院期间也闲不住，用碎布头缝坐垫。碎布头用完了，又让女儿到缝纫摊上买来了几公斤碎布头。一共做了十几个垫子，分别送给女儿、媳妇、孙子、孙女。每一块一尺见方的坐垫，都是由八十多块碎布头缝成的。老人说：“我没什么给你们，这就是我给你们的纪念品，生活好了也不能浪费。”

村干部们说，戎冠秀在全国出名了，但她在生活上依然艰苦朴素，省吃俭用，多次谢绝上级的特殊照顾，不肯去城里享清福。三儿子在抗美援朝中光荣牺牲，她享受烈属待遇。除每月领取50元的抚恤金外，她从未向国家伸手要过一分钱。各级领导来看望时随带的食品、罐头等，她总是忘不了送给村里的孩子们。

老人没有给儿女留下什么物质财富，她只是用一针一线，把勤俭节约、艰苦朴素的优良品质留给了下一代。多么智慧的老人啊，她留给儿孙的是多少金钱也换不来的无价之宝——优良的传统。

母亲离去

☆☆☆☆☆

（93 岁）

1989 年，戎妈妈病情加重了。白求恩国际和平医院忙碌起来，医院找来最好的医师来会诊，用最先进的仪器做检查。诊断结果：戎妈妈的胆总管内有十几块大小不同的结石，两块最大的死死堵住了胆管口。发炎的胆囊比正常人的大一倍。但老人太虚弱了，1.70 米的个子只有 90 来斤重，手术做不得，只能保守治疗。

戎妈妈病重的消息不胫而走，探望的人们络绎不绝。老区的人民来了，带着土产和牵挂；平山县的领导来了，带着全县人民的慰问。市委的干部来了，地委干部来了，省委的干部也来了，军区、军分区的首长都来了。消息传到北京，中央军委的首长们发来了慰问电，德高望重的聂荣臻元帅特意派人送来了“勿忘我”的工艺花。

5月27日，康克清同志颤巍巍地走进了病房。她手里提着一只大花篮，花篮里盛着花生、红枣、核桃，盛着血和肉凝结的姐妹之情、战斗友谊，还有全国人民的重托。老姐妹相见了。“别动，别动，好好躺着。”康大姐轻轻扶住要挣扎着坐起来的戎妈妈。“你这么忙，还来看我，谢谢你呀！”戎妈妈感动地说。

泪眼相对，两位革命战友有多少话要倾诉啊！两个人谁也没说话，只是静静地握着手。

“一级护理，两个小时翻一次身。”这是老军医给年轻护士的命令。

“她，一个农村老太太……”年轻的护士有点不解。

“对，她是我们军人的妈！”于是，老军医讲起了那遥远的故事。

老军医讲得眼圈发红，年轻的护士听得泪汪汪，“伟大的母亲啊，你应当长命百岁！”

于是，细心的护士为戎妈妈做了许多海绵垫圈，放在她身下使每个部位都通风。她们怀着对戎妈妈的敬爱，日夜守候在戎妈妈身边。我们的戎妈妈卧床一年多，竟没有生一点褥疮。

1989年8月12日，“子弟兵的母亲”戎冠秀与世长辞，终年93岁。共有86个单位或个人发来了唁电，117个单位和个人送了花圈。

8月22日上午，河北省党政军领导及各界代表800多人前往石家庄市殡仪馆，向中国共产党优秀党员、“子弟兵的母亲”戎冠秀同志遗体告别。

姚依林、彭真、薄一波、徐向前、聂荣臻、刘澜涛、萧克、康克清、杨成武发来唁电并送了花圈。

石家庄殡仪馆摆满了花圈，馆内庄严肃穆、哀乐低回。戎妈妈的遗体被安放在鲜花翠柏丛中，遗像前摆放着她亲属送的花圈，两旁是中央、省及有关领导送的花圈。两名解放军战士持枪守候在两旁。

上午9时30分，在哀乐声中，省领导缓缓走向戎妈妈遗体前鞠躬志哀。参加告别仪式的还有省直有关部门领导及戎妈妈生前友好人士。戎妈妈的生前友好、著名人士胡

◁ 戎冠秀一家人

可、胡朋、田华、罗工柳、石少华、邢燕子等也送了花圈。

戎冠秀的家乡下盘松村党支部、村委会也送了花圈。

聂荣臻元帅此刻正在病中，他得知戎冠秀去世的噩耗，十分难过。他深情地向身边的工作人员说起了珍藏多年的那双硬底软帮圆口布鞋，心情久久难以平静。

这双鞋，是戎冠秀老人在建军 60 周年之际寄给他的。如今，鞋还在，花依然绽放，却已经是物是人非。她永远离开了她热爱的人们，子弟兵们也永远失去了一位令人敬爱的好母亲。

解放军总政治部的唁电称，戎冠秀同志是爱国拥军的一面旗帜。全国妇联的唁电说她是全国妇女的榜样，是中国妇女的光荣。北京军区的唁电说，在戎冠秀身上，集中体现了人民群众与人民军队的鱼水深情，深刻反映了人民与军队之间不可分割的血肉联系。戎冠秀同志的英雄事迹将永远鼓舞我们前进。

告别仪式结束后，戎冠秀同志的骨灰由省委副书记吕传赞、副省长叶连松、省军区副司令员张志全以及地县领导王满秋、傅亮等护送，安放在华北烈士陵园。

戎冠秀病逝的消息，传到她的家乡平山县观音堂乡下盘松村，男女老少沉浸在悲痛之中。

甜不甜，家乡水；亲不亲，故乡人。没有谁比下盘松人更懂得他们的老会长，更没有谁能替代得了他们与老会长深厚的感情，她与他们同甘苦，共患难，同饮一口井水，同淌一样的汗。老会长的离去，就像失去了他们最亲的人。

村里的妇女们流着眼泪说："戎冠秀是个大好人，尽管九十多了，但我们觉得她还是不该走，她应该再活几年啊！"

孩子们得知戎冠秀奶奶去世后，都哭得很伤心："奶奶经常给我们讲故事，教育我们好好学习，天天向上，让我们念好书，听老师的话，长大后为人民服务，我们一定要牢记奶奶的话。"

戎妈妈逝世的消息，传到曾参加过南疆自卫反击战的解放军某部，指战员们在戎妈妈送的绣有“钢铁长城南疆卫士”的锦旗前默哀。

戎冠秀的离世，是子弟兵们的一大损失，他们痛失了一位可亲可敬的“好母亲”。她就像一颗流星陨落了。她并没有离去，依然活在人们心中。各报刊团体纷纷发表纪念文章，表达人们对戎妈妈不尽的哀思。

9月11日《人民日报》第五版登载了记者赵苏的《戎妈妈，军人为您送行》的纪念文章：

几十年的实践证明，你没有辜负党的期望……戎妈妈，军人为您送行。您的骨灰将安放在华北烈士陵园，您周围都是为我们共和国流血牺牲的革命烈士，您生前为子弟兵操劳，死后又安息在他们中间，一定感到欣慰吧！

此外，还有8月25日《人民日报》第二版《元帅和子弟兵的母亲》；9月7日《人民日报》第八版《缅怀戎冠秀同志》及1990年《中国妇女》第一期登载的来自于河北省妇联的纪念文章《不朽的名字戎冠秀》。

戎妈妈的生前友好也纷纷发表纪念文章。胡可的《深切怀念敬爱的戎冠秀同志》；胡朋的《忆戎冠秀同志二三事》；田华的《深深地怀念戎妈妈》；邓其平（革命英雄邓世军之子）的《胜似母子情》等等，均表达了对戎冠秀深切的怀念及崇敬之情。

8月23日，中共石家庄地委、石家庄地区行署、石家庄军分区联合发出了《关于在全区开展向戎冠秀同志学习活动的决定》，现将原文选录如下：

缅怀戎冠秀同志的光辉业绩，学习戎冠秀同志的崇高品德，对在当前和今后进一步加强军民、军政团结，保持和发扬党的优良作风，搞好廉政建设等都具有十分重要的意义。地委、行署、军分区决定，在全区广泛开展向戎冠秀同志学习活动。

学习戎冠秀同志，就要学习她继承和发扬我们党的优良传统和作风，克己奉公，艰苦奋斗，在改革开放的新时期，党员、团员要时时处处把党和人民的利益放在第一位，廉政勤政，用自己的模范行动，影响和教育人民群众。

地委、行署和军分区要求全区党员、干部、群众和广大民众，积极行动起来，将学习戎冠秀同志活动广泛开展起来，长期坚持下去。各级领导要把这一活动作为一件大事来抓，利用报刊、电台、电视台等新闻媒介，宣传戎冠秀同志的模范事迹，采取多种形式，开展行之有效的活动，并把学习活动同当前工作紧密结合起来，用戎冠秀同志的精神激励全区人民的斗志，推动各项工作的开展。

石家庄地委
石家庄地区行署
石家庄军分区
1989 年 8 月 23 日

出殡的那天，来送行的人非常多，各界党政领导，各军区代表，戎冠秀的生前友好，几百名解放军和武警部队官兵，家乡的干部群众，一起为戎冠秀送行，他们中有不少人都坐过戎妈妈的热炕头，吃过她珍藏的核桃、红枣、柿子，听过戎妈妈讲过去战争年代的故事。有些人戎妈妈能叫出名字，老将军——全国战斗英雄宋双，曾在去年八一前夕，捧着一盆盛开的梅花盆景到医院来探望戎妈妈，还有在 1950 年英模会上结识的战斗英雄魏来国，因故未能前来为戎妈妈送行，他和老伴感到极大的遗憾。也有一些人并没有见过戎冠秀，只是被她的精神所感动。

美丽的太行山，在经历了无数的凄风苦雨之后，依然青山不老，流水淙淙。

戎冠秀的精神就如这巍巍太行一样，会永远活在人民心中。

万古流芳

在戎妈妈离世后，她的事迹不仅感染和教育了千千万万的老百姓，也令作家们无比敬佩，他们深深被戎冠秀高尚的情操感动了，他们提起笔来尽情抒发他们对戎妈妈的崇敬之情。

1990 年春，诗人魏巍写下了《怀戎妈妈》的诗篇：

太行山上下盘松，战士心头一颗星；
无限春风无限意，只缘战士在胸中。

戎妈妈更像一颗救星，她救助一个个伤病员，使他们重新站起来，再上战场，杀敌立功。她爱穷人的革命军队，她爱军队里的每一个士兵。因为这爱，她是那么勇敢，那么刚强;因为这爱，她又是那么慈爱，那么温情。

田间，是革命战争年代优秀诗人。田间与戎妈妈曾一起共同走过那战火纷飞的年代，虽然做着不同的工作，但他们的目标是一致的，都是为了受苦受难的人民得解放，都是为了把侵略者赶出家门而义无反顾、奋勇当前，他们早年就建立了深厚的革命情谊。革命胜利后，都曾经作为人大代表,一起到北京开会,共商国是。戎冠秀曾对人说:“田间最了解我。”早在1945年月11月，田间就用诗为戎冠秀画了一个拥军模范的形象。

我唱晋察冀，山红水又清。山是那么红，水是那么清。

如果有人问，请问好老人。这位好老人，好比一盏灯。

战士给她火，火把灯点明。她又举灯来，来照八路军。

诗歌采用民歌的手法，语言朴素，通俗易懂，展现了戎冠秀一生苦难而又光辉的历程。

戎冠秀的英雄模范事迹，被著名剧作家、原解放军艺术学院院长胡可编成话剧《戎冠秀》和电影《槐树庄》。胡可在回顾创作经历时说 :“那是1954年第一届人大开幕时，那时农业合作化运动已在农村展开，戎妈妈在家乡首先办起了农业生产合作社，她听到儿子牺牲的消息的时候，正是她的初级社刚刚起步最为困难的日子。后来我把这些作为素材写进了话剧和电影《槐树庄》里。当然那个话剧和电影中的人物和情节完全属于虚构，但是主人公的性格却是参照着戎冠秀同志的品质和风貌来设计的。”

由河北电影制片厂、电影频道节目中心联合拍摄了故事片《戎冠秀》。

著名作家、原天津市作家协会主席杨润身编成电视连续剧《戎冠秀》；美术家娄霜创作了木刻连环画《戎冠秀》；玛金同志也写了歌剧《戎冠秀》；著名画家徐悲鸿、罗工柳、田零为戎冠秀画像题词。

2003 年河北省艺术研究所国家一级编剧

◁ 戎冠秀故居

刘兴会创作大型现代戏《戎冠秀》，从组织东风剧团创排以来，经过二十多场的演出，特别是全市元旦晚会和为“两会”代表、委员演出。《戎冠秀》作为河北省委宣传部的重点剧目，省文化厅已向文化部推荐该剧参加全国纪念抗日战争和世界反法西斯战争胜利60周年优秀剧目展演活动。

2004年9月22日晚，为庆祝建国55周年，平山剧团一行六十余人于19日赶赴北京慰问当地官兵。《戎冠秀》共分七场，编剧为石家庄市河北梆子剧团编剧诗清，导演为唐月城先生，唱腔、音乐设计分别聘请了石家庄市河北梆子精英，并由著名河北梆子表演艺术家刘晓俊担纲主演戎冠秀角色。北京军区大会堂座无虚席。演出获得热烈掌声，戎冠秀的英雄事迹感动了在场的每一位官兵，演出获得巨大成功。许多官兵观看演出时眼中含满了泪花，迟迟不肯离去。

2006年是戎冠秀诞辰110周年。11月19日，革命老区平山县举行纪念戎冠秀诞辰110周年暨戎冠秀纪念亭落成揭碑仪式，平山县各界群众共二百多人在该县古中山陵园参加了仪式。

2006年9月21日，河北省石家庄市将在子弟兵的母亲——戎冠秀的家乡平山县观音堂乡修建一座水电站，工程总投资555万元，其中国家补贴资金400万元。观音堂乡共 21 个村，5310 人，农民年人均收入仅为 635 元。在水利部门的指导下，该乡通过认真考察，决定利用当地优势，开发利用柳里河的水能资源，发展小水电并种植中药材。该水电站建在观音堂乡西岸村附近，取名戎冠秀水电站。

2007 年 5 月 24 日根据“子弟兵的母亲”戎冠秀的事迹为题材改编的豫剧《蓝花碗金豆子》在霸州李少春大剧院拉开了帷幕。《蓝花碗金豆子》是由邯郸市东风剧团创作演出的。据悉，东风剧团是一支有着光荣历史、享誉全国的豫剧团，自建团以来，先后排演了 200 余部优秀剧目，老一代革命家毛泽东、周恩来、朱德等都曾观看过该团的演出。

2007 年 8 月 9 日，省委宣传部、石家庄市委、市政府为纪念建军 80 周年共同建造的“子弟兵的母亲——戎冠秀”铜像落成揭幕仪式在华北烈士陵园举行，石家庄各界三百余人出席了揭幕仪式，并向铜像敬献花篮。

2007 年 8 月 20 日，由《人民日报》、《解放军报》和《中国国防报》联合主办的十大爱国拥军新闻人物评选在北京人民大会堂举行颁奖仪式。戎冠秀荣获“爱国拥军新闻人物特别奖”。

评委会写给戎冠秀的评选感言：烽火岁月，数不清多少战士穿着您纳的军鞋去打仗；血战归来，数不清有多少

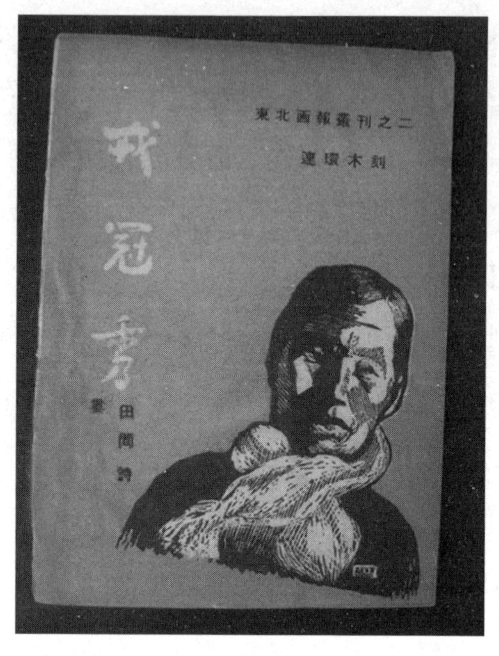

◁ 田间诗/娄霜木刻《戎冠秀》

伤员远远看见您举着灯笼守在路旁。您的名字是燃烧在晋察冀边区的一团火，您的母爱是流淌在八路军战士心中的一条河。您离开人间已经整整 18 年，而今天 18 岁的士兵依然深情呼唤您——戎妈妈。

在颁奖会上，戎冠秀的孙女李秀玲抚摸着奖杯，眼里涌出泪花:“奶奶获的第一个奖，是 1944 年晋察冀边区第一届群英会上，聂荣臻司令员颁发给她的‘子弟兵的母亲’的大红锦旗。奶奶要是活到今天,该有 111 岁了。

她要是看到今天，该有多高兴啊！”

参加颁奖仪式的石家庄警备区政治部主任郭四平对记者说：“多年来，在戎冠秀精神鼓舞和激励下，我市双拥工作取得了显著成绩。今年是石家庄解放60周年，我们将号召广大民兵向戎冠秀学习，增强光荣感和使命感，积极开展双拥共建活动，为夺取全国双拥模范城六连冠做出应有的贡献。”

2007年9月28日上午，以“子弟兵的母亲”戎冠秀的名字命名的“戎冠秀图书馆”在戎冠秀的家乡河北省平山县下盘松村举行揭牌仪式。期间，还举行了图书、书画作品捐赠活动。

“戎冠秀图书馆”是由中国报业协会集报分会、中国新闻社河北分社、博联社共同发起的“书报刊表心意——铭刻母爱”活动捐建而成的，得到了全国各地报友、博友和各界朋友的积极支持，不少人寄来书刊，表达自己的爱心。

参加“戎冠秀图书馆”揭牌仪式的戎冠秀长孙、《工人日报》社纪委书记李耿成说：“戎冠秀图书馆”的落成是一件大好事、大喜事，这对活跃家乡的文化生活，促进文明和谐发展将起到积极的促进作用。平山县有关领导表示，以戎冠秀的名字命名的“戎冠秀图书馆”的建成，充分体现了社会各界对平山老区人民的关心，对老区发展的支持。平山县将保管好、用好这批书籍，使其成为农民生活的好朋友、致富的好帮手。

村里八十多岁的韩增先老人与戎冠秀一样经历过战争年代，他告诉记者:“经历过当年情况的人已经越来越少了，通过这种形式纪念戎冠秀也是让更多的人记住当年的战争情景，也使更多的后人了解当年发生的那些感人的故事，使这种拥军精神一代代流传下去。”

平山县观音堂乡中学命名为戎冠秀中学，希望老区的孩子不要忘记这位为了新中国而奋斗终身的好妈妈，学习她高尚的品质，继承她的拥军传统，发扬她全心全意为党为国家的奉献精神，激励下一代好好学习，做好建设国家的接班人。

戎冠秀的名字深深地刻在了中国现代革命史和中国妇女运动史的史册里。

历史的长河滚滚向前，淘尽了多少风流人物。有些人经不过大浪的磨蚀，他们的形象已模糊不清了，被人们淡忘了;而像戎冠秀这样的人,却在大浪的冲刷下越来越清晰，因为她高贵的情操，无私奉献的共产主义精神，依然是我们这个时代唱响的主旋律。

后记

戎冠秀的精神可昭日月

当我为戎冠秀的传记画上句号的时候，内心依然久久不能平静。

那个战火纷飞的时代，那些交织着血与泪的日子，已离我们越来越远了，可能现在的年轻人对那个时代已经很陌生了，甚至并没有多少人记得这些英雄的故事了，但是我们不能忘记也不应该忘记那些为了新中国成立而做出卓越贡献的英模们，他们的精神如人民英雄纪念碑一样永远屹立在后来人面前。列宁说过："忘记过去就意味背叛。"我们只有不忘记这些先烈的英雄事迹，继承并发扬他们高尚的精神，我们才能生活得更加充实更有意义。

也许有人说，戎冠秀精神具有时代特征，戎冠秀只属于那个特定的历史时期，那个充满阶级仇恨、家国仇恨的时代已经一去不返了，我们还学习她什么？

可是，谁能否认戎冠秀身上所展现出来的中华民族的优良传统？吃苦耐劳，勤俭持家，勇敢正直。作为一个中国人，中华民族的传统美德永远都不能丢。谁能不承认她身上释放着人道主义的光辉？每一个需要救助的子弟兵面前，她毫不犹豫全心全力去救助，有时甚至冒着生命危险去救助一个个素不相识的子弟兵，并像待自己的孩子一样无微不至照顾这些伤员。这种大无畏全无自私自利的人道主义精神，不也是我们这个时代所讴歌和提倡的吗？

印度洋海啸、汶川大地震，还有最近发生的海地 7.3 级强震，那数不清的救援物资，络绎不绝的救援队伍，还有那些舍弃舒服生活、冒着生命危险自告奋勇前去的自愿者们，他们没有所图，就是本着人性的光辉，站在人道主义的立场上去拯救需要帮助的人们。人们忘记了国界，国与国甚至忘记了以往的政治恩怨，是人道主义精神把世界团结成一家人。试想，如果没有人道主义精神，没有对生命的尊重，谁来点燃灾区人民的希望？戎冠秀的精神难道不值得我们继承和发扬吗？

在戎冠秀去世之后，康克清这样写道：

“戎冠秀同志虽死犹生。她高度的爱国主义精神，热爱解放军的情怀，全心全意为人民服务的无私奉献精神……将永远铭刻在我们心中。她像平山县下盘松村山崖上的一棵青松，巍然屹立，万古长青。”

《诗》有之：“高山仰止，景行行止。”虽不能至，然心向往之。让我们带着对戎妈妈的景仰之心，学习她优良的精神品德，去努力构建和谐社会。